GREGOR JOCHIM

Lexikon der Filmpannen

Gustav Kiepenheuer Verlag

Mit 77 Abbildungen, einem Daumenkino und einem Register der im Buch erwähnten Filme und Schauspieler

Verlag und Autor danken Martina Hefter (Leipzig), die als Co-Autorin an vorliegendem Buch mitarbeitete.

Gregor Jochim **Lexikon der Filmpannen**

Vorwort

Jeder Regisseur hat zwei Wunschträume: Erstens will er einen Oscar gewinnen, zweitens möchte er einmal in seiner Laufbahn einen Kinofilm drehen, in den sich keine Panne eingeschlichen hat. Man darf behaupten, daß der Traum vom Oscar der realistischere ist. Einen Film zu produzieren ist nun mal ein hochkomplexer Prozeß mit so unübersichtlichen Arbeitsabläufen, daß Fehler wohl schon vorprogrammiert sind. Von der Drehbuch-Idee bis zum fertigen Filmband auf der Spule sind unzählige Menschen an der Entstehung eines Films beteiligt. Man kann sich vorstellen, wie schwierig es für den einzelnen ist, den Überblick zu behalten.

Der deutsche Begriff »Filmpanne« ist sehr allgemein und umfaßt bereits das ganze Spektrum an Fehlern und Ungereimtheiten, die sich in einen Film einschleichen können. In Amerika, dem Kinoland schlechthin, verwendet man die unterschiedlichsten Begriffe, wenn man von Filmpannen spricht. Da gibt es zum Beispiel den »Goof«, den »Slipup«, »Blunder«, »Blooper«, den »Flaw« und den »Flub«. Diese Begriffe definieren aber mitnichten die einzelnen »Pannen-Arten«; sie werden im Gegenteil völlig frei verwendet und bedeuten letztlich immer das gleiche: Panne oder Fehler.

Die auffälligsten und wohl auch häufigsten Pannen sind die sogenannten Anschlußfehler (»continuity error«). Davon spricht man, wenn sich ohne ersichtlichen Grund zwischen zwei Einstellungen eine Veränderung im Bild ergibt. Da tragen ehedem glattrasierte Schauspieler wenige Sekunden später einen Dreitagebart, oder ihre Hemden haben plötzlich die Farbe gewechselt. Gegenstände können unvermittelt verschwinden, das Wetter und sogar die Tageszeit können sich plötzlich ändern. Wie so etwas passiert? Eine Einstellung (»shot«) bezeichnet die kleinste, ungeschnittene Einheit innerhalb eines Films. Aus technischen und finanziellen Gründen werden diese Einstellungen oft nicht in chronologischer Reihenfolge gedreht. Verstreichen innerhalb der Filmhandlung meist nur wenige Sekunden von der einen zur nächsten Einstellung, liegt in Wirklichkeit eine erhebliche Zeitspanne dazwischen, und bis komplette Sequenzen »im Kasten« sind, vergehen schon mal Monate. Das hat zur Folge, daß die Szenarien des Films, das heißt die Umgebung der betreffenden Szenen, immer wieder neu aufgebaut werden müssen. Wichtig ist dabei, daß alles genauso aussieht, wie es in der chronologisch vorhergehenden Einstellung aussah. Wie man sich vorstellen kann, ist das nicht ganz einfach.

In früheren Zeiten lag diese verantwortungsvolle Aufgabe in den Händen der Sekretärin des Filmproduzenten. Aufgrund der hohen Arbeitsbelastung entwickelte sich daraus allmählich ein eigenständiger Beruf, zunächst noch »Script-Girl« genannt (es handelte sich wohl um die früheren Sekretärinnen, die diese Position als erste besetzten). Mit dem Aufkommen immer neuer Filmtechniken und mit der gehäuften Verwendung von »Special Effects« wurden die Überwachungsarbeiten komplizierter und der Beruf des Script-Girls wurde aufgewertet. Man verlieh ihm bald einen neuen Namen: Script Supervisor. Den Script Supervisor findet man am Set eines Films meist in der Nähe des Regisseurs, mit einem Schreibblock in der Hand und einer Stoppuhr um den Hals. Sein Job erfordert, daß noch die unwichtigste Kleinigkeit des Szenarios genau registriert wird. Der Script Supervisor muß auf die Vollständigkeit der Requisiten genauso achten wie auf das Erscheinungsbild der Schauspieler, er muß aber auch ein Auge auf den logischen Ablauf der Filmhandlung haben. Deswegen sitzt er später auch, zusammen mit Regisseur und Cutter, am Schneidetisch. Daß man bei dieser schweren Aufgabe auch einmal Fehler macht, liegt auf der Hand.

Zur Entlastung des Script Supervisors sei gesagt, daß nicht immer er der alleinige Schuldige ist, wenn es zu einer Filmpanne kommt. Je nachdem, um welchen Fehler es sich handelt und wie er in Erscheinung tritt, kann die Verantwortung dafür auch beim Drehbuchautor, beim Cutter, ja sogar beim Regisseur liegen.

Nicht selten tauchen beispielsweise Gegenstände im Film auf, die eigentlich zur technischen Ausrüstung der Filmcrew gehören. Wenn man also plötzlich ein Mikrofon über den Köpfen der Schauspieler hängen sieht, ist das meistens auf eine mangelnde Zusammenarbeit zwischen Tonmeister und Kameramann zurückzuführen. Auch Kameras und deren auf dem Boden befestigte Schienen, Sicherungsseile und andere Ausrüstungsgegenstände können ins Bild geraten. Selbst Mitglieder des Filmteams hat man schon auf der Leinwand gesehen.

Oft werden auch Details im Bild sichtbar, die zum Zeitpunkt der Filmhandlung noch gar nicht erfunden waren. Besonders anfällig dafür sind Historienfilme. Da sieht man schon mal eine Glühbirne an der Decke baumeln, auch wenn die Filmgemächer noch mit Kerzenlicht beleuchtet werden, oder man entdeckt einen Telefonmast, obwohl Edward Bell, der Erfinder des Telefons, zum Zeitpunkt der Handlung noch längst nicht lebte.

Selbst Regisseur und Drehbuchschreiber können die Schuldigen sein. Sie geraten besonders dann ins Schußfeld der Kritik, wenn der fertige Film Recherchefehler aufweist. Obwohl das Drehbuch normalerweise vor Drehbeginn darauf untersucht wird, werden sie nicht immer getilgt. Oft genug nämlich basiert der gesamte Film auf einem fehlerhaft recherchierten Detail, und wenn man es änderte, würde dem Film das Fundament entzogen.

Das vielleicht markanteste Beispiel ist der Klassiker *Casablanca*, dessen Handlung auf verschwundenen Transitpapieren aufbaut, die jene anrührende Melange aus Liebe, politischem Widerstand und einer sanften Prise Kitsch erst möglich macht. Solche Transitpapiere hat es in der Realität nie gegeben.

Letzten Endes ist es gleichgültig, wie Filmpannen entstehen. Man wird sie auch in Zukunft auf der Leinwand beziehungsweise auf dem Bildschirm entdecken, und vielleicht ist das gut so. Wie im wirklichen Leben sind es auch hier die kleinen Mängel, die eine Sache noch interessanter machen.

Alien Seit dem Jahr 1979 hat das außerirdische Grauen eine Gestalt: Das amorphe Gebilde, das im SF-Thriller *Alien – Das unheimliche Wesen aus einer fremden Welt* (USA, 1979) ein irdisches Raumschiff heimsucht und in dessen düsteren Gängen der Mannschaft auflauert. Wer vorher nicht wußte, was Beklemmung ist, erfährt es spätestens in diesem Film. Das Haarsträubende ist, daß man das Monster nie vollständig zu sehen bekommt. Ein auseinanderklappender Kiefer, aus dem nur für Sekunden ein messerscharfes Gebiß herausfährt, dazu die Schreie eines Opfers, das genügt vollkommen, einen für den Rest des Abends in Angst und Schrecken zu versetzen.
Alien ist einer der Filme, nach deren Ende man sich im Taxi nach Hause bringen läßt. Es ist kaum zu glauben, daß er auch seine komischen Seiten hat – die von Regisseur Ridley Scott kaum beabsichtigt gewesen sein dürften. Da steuert ein Computer das Raumschiff, und man sollte doch meinen, daß auch in der Zukunft die unersetzlichen Rechenmaschinen keine Flüssigkeit zu sich nehmen. Trotzdem kann man vor einem Bildschirm des steuernden Computers eine Tasse entdecken, die gleich darauf wieder verschwindet. Und das, obwohl die Besatzung noch im Tiefschlaf liegt. Darsteller John Hurt muß den armen Astronauten spielen, dessen Bauch sich das schmarotzende Alien als Brutstätte ausgesucht hat. Während er das außerirdische Raumschiff auf dem fremden Planeten untersucht, trägt er unter seinem Raumanzug eine Kapuze. Als sich wenig später das außerirdische Wesen in sein Gesicht krallt und Hurt auf die Krankenstation gebracht wird, ist die Kapuze nicht mehr zu sehen – obwohl das Opfer

Alien Der Bordcomputer des Raumschiffes ließ sich gerade einen Kaffee schmecken. Die Tasse schluckte er übrigens gleich mit.

bestimmt keine Zeit mehr hatte, sie zu entfernen. Es war übrigens nicht das Alien, das die Kapuze entfernt hat.

Auch der ebenso gelungene zweite Teil *Aliens – Die Rückkehr* (USA, 1986) wird nicht nur vom Alien, sondern auch von Pannen heimgesucht. Sigourney Weaver brilliert noch einmal als Commander Ripley. Diesmal muß sie ein Erkundungsteam auf einem Planeten anleiten. Dabei trägt sie einen Kopfhörer mit anmontiertem Mikrofon am linken Ohr. Während der Kampfhandlungen mit den Außerirdischen verschwindet dieser Kopfhörer plötzlich, um wenige Sekunden später wieder an Ort und Stelle aufzutauchen. Gegen Ende des Films noch einmal ein grausiger Anblick: Man sieht einen auf Höhe der Taille durchtrennten Androiden, dessen obere Hälfte sich noch bewegt. Wenn man genau hinsieht, kann man den intakten Körper eines Mannes erkennen, der aus einem Loch im Boden herausragt und in der Maske des Androidenoberkörpers steckt. Dieses Prinzip kennt man sonst nur vom Kasperletheater.

Im dritten Teil der Schreckenssaga bekommen wir einen besonderen Blutfleck zu Gesicht. Arzt-Darsteller Charles Dance trägt ihn in *Alien III* (USA, 1991) während einer Obduktion auf seiner Operationsschürze. Die Größe des Blutflecks verändert sich dabei laufend. Trotz voranschreitender Operation wird er von Zeit zu Zeit sogar kleiner.

Im vierten Teil *Alien – Die Wiedergeburt* (USA, 1997) wird Commander Ripley alias Sigouney Weaver selbst zur Mutter des Ungeheuers. Dank ihres säureähnlichen Blutes gelingt es ihr mit Leichtigkeit, ein Loch in die Außenwand des Raumschiffs zu ätzen. Das Blut, das sich auch an Weavers Hand befindet, vermag jedoch nicht, die anderen Dinge und Personen zu verletzen, die sie in dieser Szene sonst noch berührt.

Allen, Woody Man kann ohne Übertreibung behaupten, daß Woody Allens Filmhelden die Verkörperung der Neurose darstellen. Genauer gesagt, der Neurose des gehobenen New Yorker Mittelstands. Neurotisch wirkt auch, was in einer Szene seiner Science Fiction-Satire *Der Schläfer* (USA, 1973) geschieht. Hier trägt Woody Allen einen aufblasbaren Gummianzug. Nachdem auf ihn geschossen wurde und die Luft aus dem Anzug entweicht, wird Allen aufgrund des Rückstoßes samt seiner anhänglichen Filmpartnerin Diane Keaton über einen See geschleudert. Peinlich ist nur, daß man das Seil deutlich sieht, mit dem die beiden Darsteller für diesen Effekt über das Wasser gezogen wurden.

In der Komödie *Hannah und ihre Schwestern* (USA, 1985) fehlt auf unerklärliche Weise der Kugelschreiber, der eben noch auf einem Schreibblock in Hauptdarstellerin Mia Farrows Küche lag.

In *Harry außer sich* (USA, 1997) schließlich sieht man die Darsteller Julia Louis Dreyfus und Richard Benjamin einer unmißverständlichen Beschäftigung im Schlafzimmer nachgehen. Die unteren Klappläden am Fenster des Zimmers sind geöffnet, bei der folgenden Außenansicht jedoch sind sie geschlossen.

Immerhin drei Pannen in drei Filmen. Das sollte Woody Allen aber nicht aus dem Konzept bringen. Den Psychoanalytiker wird er deswegen nicht benötigen.

Armbanduhr Eine der klassischen Pannen im Kino: In einem Historienfilm taucht eine Armbanduhr auf. Das ist natürlich peinlich. Aber es ist schon so oft passiert, daß sich darüber nun wirklich keiner mehr aufregt. Im Gegenteil. Flimmert zu Hause ein Streifen wie *Quo Vadis* (USA, 1951) über den Bildschirm, dürften wahrscheinlich nicht wenige Zuschauer nur deshalb vor dem Fernseher sitzen, weil sie nach Armbanduhren suchen. Das ist so einfach nun auch wieder nicht. Oftmals blitzt eine solche Uhr nur für Sekunden am Handgelenk des antiken Kriegers auf, und das auch nur bei einer Nebenfigur. Auch im Kino ist es schwierig. Die Leinwand ist zu groß, die Uhr zu klein. Und Zurückspulen kann man auch nicht. Zum Trost: Hier eine Auswahl berühmter Filme, in denen die eine oder andere Armbanduhr ihren unberechtigten Auftritt hat:
Sinuhe, der Ägypter (USA, 1954), *Die Zehn Gebote* (USA, 1957), *Ben Hur* (USA, 1959), *König der Könige* (USA, 1960), *Spartacus* (USA, 1960), *Königin der Wikinger* (GB, 1966).

Arme Männer werden es nicht gerne hören: Es gibt Frauen, die gehen hauptsächlich der unbekleideten Arme des Hauptdarstellers wegen ins Kino. Der Bizeps von Brad Pitt oder Keanu Reeves soll schon so manchen weiblichen Filmfan aus dem Häuschen gebracht haben. Den Männern sei ein Hanteltraining im Fitness-Studio empfohlen – oder sie führen ihre Damen in Filme mit weniger aufregenden Männerarmen. Eher unsexy beispielsweise wirken die Arme von John Malkovich in dem spannenden Thriller *In the Line of Fire – Die zweite Chance* (USA,

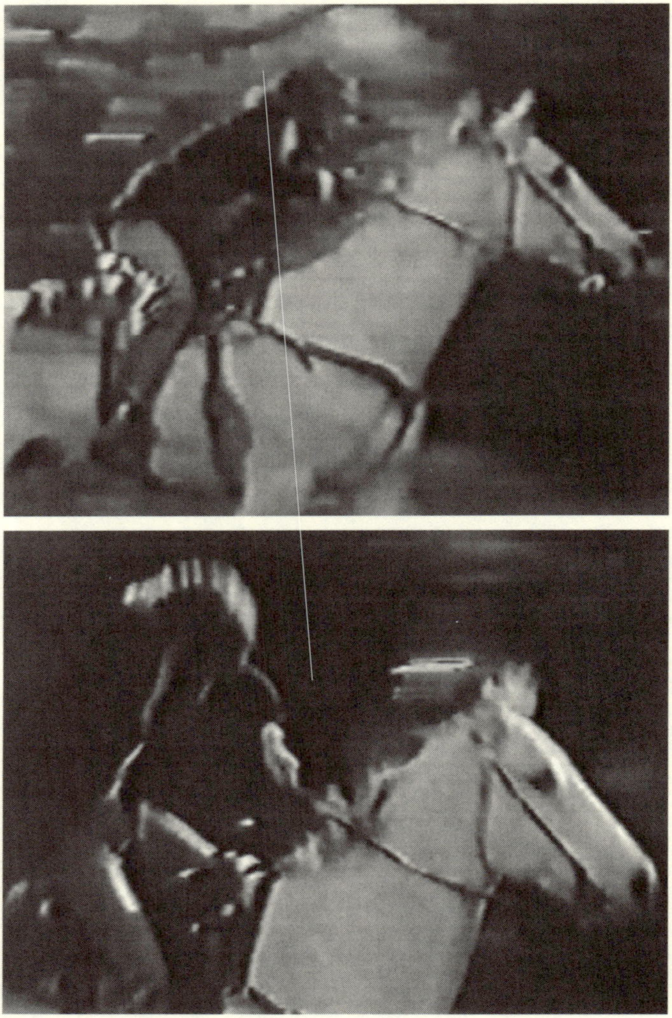

Arme Eigentlich fehlt John Heard als Vietnam-Veteran der linke Arm. Doch der rechte darf auch mal verschwinden.
In: *Cutter's Way*

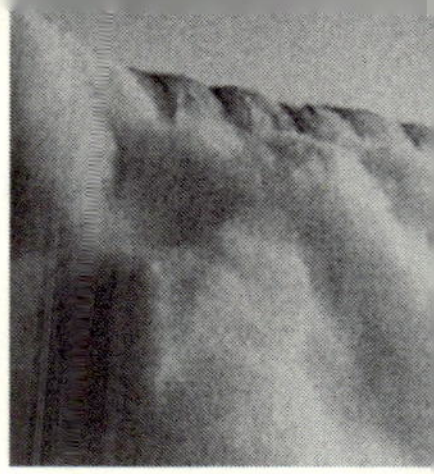

1993). Der Psychopath, den er spielt, ist nämlich gerade zu Tode gestürzt, nachdem sein Plan, den amerikanischen Präsidenten umzulegen, schiefgegangen ist. In dieser Situation liegen seine Arme zunächst zur Seite gestreckt, während sie Sekunden später nach unten gedreht neben seinem Oberkörper liegen. Unnötig zu sagen, daß in der Zwischenzeit niemand Malkovichs Arme berührt hat.
Auch nicht schön ist, was mit Carl Weathers rechtem Arm in *Predator* (USA, 1987) geschieht: Der nämlich wird ihm weggeschossen. Wie in solchen Filmen üblich, sieht man die Überreste des Arms an Weathers' Schulter hängen. Wer aber genau hinsieht, braucht nicht zu erschrecken. Der angeblich weggeschossene Arm ist nämlich noch mal zu sehen: Nicht ganz fachmännisch ist er auf Weathers' Rücken festgebunden.
Der linke Arm ist es in *Cutter's Way – Keine Gnade* (USA, 1981), der einem von John Heard dargestellten Vietnam-Veteranen fehlt. In der Schlußszene reitet er auf einem Pferd, und da ist es plötzlich der rechte Arm, der ihm fehlt.

Austin Powers (USA, 1997) Bei dieser haarsträubenden Slapstick-Persiflage auf die James Bond-Filme muß man sich auf alles gefaßt machen. Selbst die zahllos auftretenden Pannen könnte man mit etwas gutem Willen auch als Kalauer innerhalb der Handlung betrachten. Da wird der gleichnamige Held des Films, dargestellt von Mike Myers, gleich zu Beginn aus einem längeren Tiefkühlschlaf aufgetaut. Die dabei anwesenden Ärzte nehmen ihm Ohrclips ab, an denen Elektroden befestigt waren. Genau diese Ohrclips befinden sich wenig später doch wieder

und sehr dekorativ an Mike Myers Ohren. Als Myers und seine Filmpartnerin Elizabeth Hurley im Bett liegen, sieht man einen goldenen Kelch in der Hand von Hurley. Auf wundersame Weise ist er in der folgenden Einstellung schon wieder verschwunden. In derselben Sequenz ist ein Elektrowecker auf dem Nachtkästchen zu sehen, dessen Ziffern mal leuchten und mal nicht leuchten.
Ähnliche Phänomene sind in der Fortsetzung *Austin Powers – Spion in geheimer Missionarsstellung* (USA, 1999) zu bestaunen. Während eines Tänzchens benutzt Myers seine hübsche Tanzpartnerin als Schutzschild vor dem Angriff eines Attentäters. Prompt bekommt sie ein Messer in den Rücken gerammt. Autsch. Wie durch Zauberei verschwindet dieses Messer dann kurz, ist gleich darauf aber wieder an seinen Platz zurückgekehrt. Alles nur dummer Zufall? Oder steht das so im Drehbuch? Wir wissen es nicht. Messer hin, Messer her, bei *Austin Powers* ist alles möglich.

Baseball Baseball, die Ikone des amerikanischen Sports. Im Grunde ist es mehr als Sport, ist Religion, ist Weltanschauung, ist, wenn man so will, Amerika selbst. Nicht umsonst beschäftigen sich amerikanische Schriftsteller und Drehbuchautoren unablässig mit dem Spiel, das für europäische Zuschauer so kompliziert aussieht. Don DeLillo benötigt in seinem Roman *Underworld* allein 70 Seiten, um über ein berühmtes Baseballspiel im Jahr 1951 zu erzählen. Und wer erinnert sich nicht an Salingers *Der Fänger im Roggen*, an Holden Caulfields Bruder Allie, der Gedichte auf seinen Baseballhandschuh schrieb? Dreht es sich in einem amerikanischen Film um

Baseball, wird die Kamera direkt auf die Seele des Landes gehalten. Eigentlich sollte man meinen, daß man in Hollywood bei diesem Thema vor Pannen gefeit ist. Schließlich hat man das Prinzip Baseball in Amerika längst verinnerlicht, und vom Produzenten über den Regisseur bis zum Scriptgirl kann man niemandem etwas vormachen, wenn es um den kleinen Lederball und den dicken Handschuh geht.

Pannen gibt es aber trotzdem. In *Harte Jungs – Bad Boys* (USA, 1994) findet der aufmerksame Betrachter einen Fehler, der zugegebenermaßen nicht ganz so substantiell ist. Die Szene findet nämlich nicht während eines Baseballspiels statt, und das entscheidende Utensil, ein Baseballschläger, wurde aus seinem üblichen Umfeld gerissen. Auf der Flucht vor Verfolgern rettet sich Hauptdarsteller Martin Lawrence in ein Haus, und zu seiner Verteidigung hat er einen Baseballschläger in der Hand. Im Haus trifft er auf seine Partnerin Tea Leoni. Die sieht man wenig später in einer Einzelaufnahme zusammen mit dem Baseballschläger, der neben ihr auf dem Boden liegt. Man könnte nun vermuten, daß Lawrence den Schläger weggeworfen hat. Lawrence aber kommt in der nächsten Einstellung wieder ins Bild, und den Baseballschläger hat er noch immer in der Hand. Erst auf der weiteren Flucht durch das Haus läßt er ihn fallen. Fazit: Jemand aus der Filmcrew hat beim Um- oder Aufräumen einen Baseballschläger übersehen.

Der Film *Die Indianer von Cleveland* (USA, 1989) legt, was die Panne betrifft, den Finger auf die Wunde: Hier geschieht das Malheur auf dem heiligen Rasen Amerikas. Wieder geht es um einen Baseballschläger. Während eines

Matchs wirft ein Spieler seinen Schläger ins Gras, nachdem er den Ball getroffen hat. Seltsam, daß er gleich darauf doch wieder mit dem Schläger in der Hand zu sehen ist. Als wenn das nicht schon genug wäre: Der Spieler wirft den Schläger ein zweites Mal fort. Wir kennen die Regeln des Baseball nicht, aber daß hier etwas nicht stimmt, liegt auf der Hand. Bliebe noch zu hinterfragen, ob diese Filmpannen in den USA eine nationale Krise ausgelöst haben. Man hat noch nichts erfahren. Amerika schweigt.

Bauchnabel Es ist nicht einfach, Fehler in Filmen zu bewerten, die sich mit religiösen Themen beschäftigen. Oft genug kann man nicht einmal mit letzter Sicherheit von einem Fehler oder von einer Panne sprechen, ohne sich mit theologischen Grundfragen auseinandersetzen zu müssen. Im testamentarischen Epos *Die Bibel* (Italien, 1965) tritt Adam auf, nackt bis auf einen Lendenschurz. Er hat einen hübschen Bauchnabel. Hier steht zur Debatte, ob Adam einen Bauchnabel haben konnte, wenn er von Gott erschaffen wurde. Er kam nicht auf dem üblichen Weg zur Welt. Wozu also brauchte er eine Nabelschnur? (s. a. → Moses)

Baumstamm Baumstämme im Film? Da muß man sofort an einsame Highways denken, oben in Oregon. Highways, auf denen Filmhelden und Filmheldinnen unterwegs sind, vielleicht auf der Flucht vor einem Bösewicht, und dann liegt plötzlich ein Baumstamm quer über der Straße. Daß Baumstämme auch in Filmpannen eine gute Figur machen, beweist eine Szene im Comedy-Streifen

Kindergarten Cop (USA, 1990). Während einer Autofahrt mit Hauptdarsteller Arnold Schwarzenegger wird seiner Filmpartnerin Pamela Reed schlecht. Schwarzenegger muß anhalten, damit sie aussteigen und sich in einem Gebüsch übergeben kann. Als sie zurückkommt, stolpert sie über einen Baumstamm, der im Weg liegt. Dieser Baumstamm war auf dem Hinweg noch nicht da.

Bild Schon mal bemerkt, daß bei den Innenaufnahmen eines Films immer Bilder an den Wänden hängen? Oder Familienfotos gerahmt auf Schreibtischen stehen? Das ist so, weil es sich in der wirklichen Welt genauso verhält: Wir hängen Kunstdrucke an die Wände und stellen das Foto unserer Liebsten an den Arbeitsplatz. Solche Accessoires machen den Film glaubwürdig. Selbst wenn im Wohnzimmer unseres Filmhelden ein kitschiger Sonnenuntergang in Öl hängt, registrieren wir wohlwollend: Der Filmmensch ist auch nur Mensch!
Trotzdem gibt es da wie immer diese kleinen Unterschiede zwischen der wirklichen und der Filmwelt, die einen auf den Boden der Realität zurückholen. In *Fletch – Der Troublemaker* (USA, 1984) wird Hauptdarsteller Chevy Chase während eines Gerangels mit seinem Widersacher gegen eine Wand geschleudert. An dieser Wand hängen – richtig – Bilder. Durch die Wucht des Aufpralls fallen zwei davon zu Boden. Gleich in der nächsten Einstellung allerdings hängt eines davon wie von Zauberhand wieder an seinem Platz an der Wand. Und das, obwohl die beiden Raufbolde immer noch miteinander beschäftigt sind. Oder war es einfach ein Fehler im Anschluß?

Selbst Filmfee Julia Roberts ist in ein Bildermalheur verwickelt. In der Komödie *Die Hochzeit meines besten Freundes* (USA, 1997) sitzt sie an einem Schreibtisch und schreibt auf einem Laptop eine E-Mail. Dabei sieht man das gerahmte Bild einer Frau auf dem Schreibtisch. Nur wenige Filmsekunden später ist es schon wieder verschwunden. So etwas passiert, wenn der Filmausstatter nicht aufpaßt und immer nur auf Julia Roberts' Mund starrt.

Manchmal sind Bilder auch mehr als nur bloßer Wandschmuck. In einer Szene der Gangsterkomödie *Die Thomas Crown-Affaire* (USA, 1999) (s. a.→Namen) nimmt Hauptdarsteller Pierce Brosnan ein Bild aus einem Koffer, das aus Platzgründen zusammengefaltet ist. Als er in der folgenden Einstellung das Bild dann in seiner vollen Pracht betrachtet, ist es plötzlich in einen Holzrahmen gespannt. Das geht nun wirklich nicht mit rechten Dingen zu.

In der Comicverfilmung *Batman* (USA, 1988) unterläuft dem Script Supervisor ein grober Fehler: Einer von »Joker« Jack Nicholsons Lumpenbande verunstaltet ein wertvolles Gemälde mit Handabdrücken in rosaroter Farbe. Nach einem Einstellungswechsel sind plötzlich die Abdrücke verschwunden, in der nächsten Szene aber sind sie wieder auf dem Bild.

Blut Manche Filme funktionieren nicht ohne Blut. Schon gar keine Vampirfilme. Da wird das Filmblut, von dem man als Kind irrigerweise glaubte, es handele sich um Ketchup, gleich literweise benötigt. So auch in *Bram Stoker's Dracula* (USA, 1992). Allerdings fließt das Blut da manchmal auf eine etwas eigenwillige Weise. Winona

Ryder, die Darstellerin der jungen Mina Harker, liegt tot am Boden und wird von einem Schwall Blut umspült, der ganz nach Vampirfilmart aus einem Friedhofskreuz herausschießt. In einer Großaufnahme ihres Gesichtes jedoch muß man erkennen, daß das strömende Blut sie noch gar nicht erreicht hat.
Im gesellschaftskritischen Kriminalfilm *Halbblut* (USA, 1992) sind auf dem Hemd des Hauptdarstellers Val Kilmer mehrere Blutflecken zu sehen, als er einen verletzten Indianerjungen ins Krankenhaus fährt. Ein unübersehbarer Fleck auf der rechten Seite des Hemds verschwindet aber urplötzlich, woraus man nur schließen kann, daß Val Kilmer sich während des Drehens wohl rasch mal umgezogen hat.

Bond, James Auch unser Lieblingsspion fehlt in diesem Lexikon nicht. Das mag den einen oder anderen enttäuschen, gilt James Bond doch vielen als der stets überlegene Held ihrer Agententräume. Mit unvergleichlicher Eleganz meistert er die schwierigsten Situationen, und selbst wenn er in eine Schlägerei verwickelt wird, holt er mit britischem Understatement zum Faustschlag aus. Meistens.
Ausgerechnet dem besten unter den Bond-Darstellern, Sean Connery, mißglückt ein solcher Faustschlag auch schon mal: Im ersten, den Mythos James Bond begründenden Film *James Bond – 007 jagt Dr. No* (GB, 1962) holt Connery mit der Rechten aus, um seinen Widersacher niederzustrecken. Da unterläuft ihm der Patzer: In der nächsten Einstellung ist es nämlich die Linke, die hart (aber gerecht!) das Kinn des Gegners trifft.

Bond, James Schnell
noch neu bereift wurde
das linke Vorderrad von
James Bonds Auto, bevor
es zu einem waghalsigen
Flugmanöver startete.
In: *Der Hauch des Todes*

Natürlich wissen wir, daß James Bond selbst am allerwenigsten für diese Panne kann und handeln deshalb very british: Wir tun so, als hätten wir nichts bemerkt. Wenn sich aber die Fehler häufen, wird dieser Vorsatz leider unmöglich. In *Liebesgrüße aus Moskau* (GB, 1963) trägt Connery auf der Flucht vor einem Hubschrauber einen Aktenkoffer wechselweise in der rechten und in der linken Hand, als wäre er ihm zu schwer! Das paßt nicht zu dem 007, wie wir ihn kennen. Außerdem wandert der Siegelring des Oberschurken *Das Phantom* immer mal wieder von der rechten an die linke Hand, während er seine Katze streichelt.

Ein Highlight unter den Filmfehlern ist in *Diamantenfieber* (GB, 1971) zu bestaunen. Sean Connery flüchtet mit seinem Mustang in eine enge Gasse, und weil der Wagen zu breit ist, steuert er ihn gekippt, nur auf den zwei rechten Rädern fahrend, hinein. Ein typisches Bond-Kunststück. Allerdings verläßt der Mustang die Gasse auf seinen zwei linken Rädern. Den Wagen in einer engen Gasse von der rechten auf die linke Seite zu kippen, ist technisch gesehen ein Ding der Unmöglichkeit. Selbst die Fähigkeiten eines James Bond würde das mit Sicherheit übersteigen. Weil ein solcher Fehler während des Drehens kaum unbemerkt bleiben würde, stellt sich hier die Frage, ob sich das Filmteam nicht einen Scherz erlaubt und die Stuntszene absichtlich so gedreht hat. Aber wie immer weiß man in dieser Sache nichts Genaues.

Eine ähnlich erstaunliche Autogeschichte ist in *Man lebt nur zweimal* (GB, 1966) zu sehen. Connery wird von Akiko Wakabayashi in ihrem Wagen mitgenommen. Dieser Wagen der James Bond-Gespielin wird nach guter britischer Art rechts gesteuert. Als die beiden aber am Ziel ankommen, sitzt die Fahrerin plötzlich auf der linken Seite hinter dem Lenkrad.

Zum Trost: Sean Connery steht in der Liste der 007-Filmpannen nicht alleine da. Auch Timothy Dalton, ein zugeben etwas blasser James Bond der neueren Zeit, scheint Schwierigkeiten zu haben. In *Lizenz zum Töten* (GB, 1989) steigt er am Flughafen aus einem Auto und steckt sein Flugticket in die rechte Brusttasche. Als er es kurz darauf am Schalter vorzeigen muß, nimmt er es allerdings aus der linken.

Auch Pierce Brosnan hat sich als James Bond versucht. In *Goldeneye* (GB/USA 1995) späht er mit seinem linken Auge durch ein Fernrohr, nach einem Einstellungswechsel jedoch ist es das rechte Auge, das späht.

Bei einer genauen Analyse der Pannen fällt außerdem auf, daß eine große Anzahl davon etwas mit Wasser zu tun haben. Sie sollen deshalb hier als die Bondschen Wasserpannen bezeichnet werden. Nachdem Barbara Carrera in *Sag niemals nie* (USA, 1982) ihre Wasserskiübung auf nur einem Ski beendet, landet sie dennoch mit zwei Skiern an den Füßen in den Armen von Sean Connery.

In *Der Mann mit dem goldenen Colt* (GB, 1974) fliegt Agent Roger Moore ein Wasserflugzeug mit jeweils einem Schwimmer an den Flügeln. Als er schließlich auf dem Wasser landet, ist nur noch am rechten Flügel ein Schwimmer zu erkennen.

Sean Connery und seine Mitagentin und Geliebte Mie Hama lassen es sich gutgehen. Sie schwimmen und tauchen in *Man lebt nur zweimal* (GB, 1966) in der Nähe eines Vulkans. Sinnvollerweise trägt Mie Hama dabei

keine Schuhe. Wozu auch? Schwer zu erklären: Als die beiden aus dem Wasser steigen, trägt sie plötzlich weiße Slipper.
In *James Bond – 007 jagt Dr. No* muß Connery erneut ins Wasser. Er taucht unter, um einen Schurken von hinten zu überraschen. Als er wieder auftaucht, überrascht er nicht nur diesen, sondern auch das Publikum. Seine Haare und der obere Teil seines Hemdes sind nach nur wenigen Sekunden vollkommen trocken.
Eine Unterkategorie der Bondschen Wasserpannen stellen die Bondschen Taucherbrillen dar. Agent 007 trägt häufiger Taucherbrillen als der gewöhnliche Mensch, was die Häufigkeit der Pannen in diesem Bereich erklärt. Es beginnt mit *Feuerball* (GB, 1965). Hier verliert Sean Connery unter Wasser seine hellblaue Taucherbrille. Da es um Leben und Tod geht, schnappt er sich, jegliche Pietät mißachtend, die schwarze Taucherbrille eines bereits toten Tauchers. Beim Auftauchen trägt Connery wieder seine hübsche, hellblaue Brille.
Kurvenstar Ursula Andress läßt in *James Bond – 007 jagt Dr. No* am Strand eine Taucherbrille in den Sand fallen. Diese Taucherbrille ist kurzzeitig verschwunden, liegt dann aber doch wieder da, um von Ursula Andress erneut übergestreift zu werden.
Auch bei den Accessoires wurde in den James Bond-Filmen nicht immer so genau hingeschaut. Wiederum in *Der Morgen stirbt nie* stehen zwei Fahrräder vor einem Regal. Bond-Kollegin Michelle Yeoh gelingt es aber tatsächlich, gleich drei Fahrräder beiseite zu stellen.
Im schon erwähnten *Goldeneye* landet Pierce Brosnan einen → Hubschrauber mit Hilfe von zwei weißen

Fallschirmen. Warum die Fallschirme aber nach kurzer Zeit rot-weiß gestreift sind, ist bis heute nicht vollständig geklärt.

Eine recht spektakuläre Sequenz gibt es auch in *Der Hauch des Todes* (GB/USA, 1987). Zwar wird dem Auto von »007« Timothy Dalton der linke Vorderreifen weggeschossen, dennoch läßt er seinen Wagen Minuten später mit intakter Bereifung über eine Rampe springen.

Schließlich darf auch eines der berühmten Bond-Gimmiks in einer Panne mitwirken. Diese Geräte werden von »Q«, dem Daniel Düsentrieb des britischen Geheimdienstes, exklusiv für Bond entwickelt. In *Lizenz zum Töten* handelt es sich dabei um einen tragbaren Miniröntgenapparat. Die Tatsache, daß damit sogar ein Mensch auf einer Fotografie geröntgt wird, könnte wohl eher als kleiner Scherz durchgehen.

Die fehlerhafte Seilbahnsequenz in *Moonraker – Streng geheim* (GB/F, 1978) dürfte wohl aus technischen Gründen entstanden sein. Wie ist es sonst zu erklären, daß Roger Moore und seine Partnerin Lois Chiles zuerst an jenem Teil des Seils hängen, das die Kabine nach unten befördert, letztlich aber an dem aufwärts rollenden Seil ins Tal gleiten.

Und weiter im Bond-Universum: In einer Szene von *Im Angesicht des Todes* (GB, 1984) hängt Roger Moore an der Leiter eines fahrenden Feuerwehrautos. An dessen Ende sieht man dabei kurz zwei Kameraleute bei der Arbeit. Zu Beginn von *Goldeneye* ändert sich die Großwetterlage auf drastische Weise: Nirgendwo ist Schnee zu sehen, als »007« Pierce Brosnan sich von einem Staudamm abseilt. Als er sich wenig später davonmacht, liegt

dennoch überall Schnee. In *Goldfinger* dachte man an das Wohl des Zuschauers: Im Rückspiegel seines Wagens erkennt Sean Connery die Initialen auf einem Koffer nicht etwa spiegelverkehrt, wie nach den Gesetzen der Optik zu erwarten wäre. Die Initialen erscheinen gut lesbar in normaler Schreibweise.
Politisch unkorrekt sprechen Pierce Brosnan und Jonathan Pryce in verschiedenen Szenen von *Der Morgen stirbt nie* von »Saigon«, obwohl die Stadt da schon lange Ho-Chi-Minh-Stadt heißt. Und in der Geographie völlig daneben liegen »007« Roger Moore und Barbara Bach, wenn sie in *Der Spion, der mich liebte* (GB, 1977) von Ägypten nach Sardinien mit dem Zug unterwegs sind, ohne eine Fähre zu benutzen.

Buch Pannen, in denen Bücher eine Rolle spielen, müßten eigentlich so aussehen: »Conan, der Barbar« Arnold Schwarzenegger wandert durch seine umfangreiche Heimbibliothek, oder »Dirty Harry« Clint Eastwood liest selbstvergessen in einem Gedichtband der englischen Romantik. Leider aber sind die wirklichen Bücherpannen eher unspektakulär, was der ansonsten sehr unterhaltsame Film *Rossini – oder die mörderische Frage, wer mit wem schlief* (D, 1996) beweist. Darsteller Götz George unterhält sich mit Joachim Król, der einen verschüchterten Schriftsteller spielt. Auf einem Tisch neben Król befindet sich ein Stapel Bücher, von denen das oberste aufgeschlagen ist. Im Gegenschuß, wenn Król von hinten zu sehen ist, erkennt man, daß das oben liegende Buch keineswegs aufgeschlagen ist, sondern geschlossen auf dem Stapel liegt.

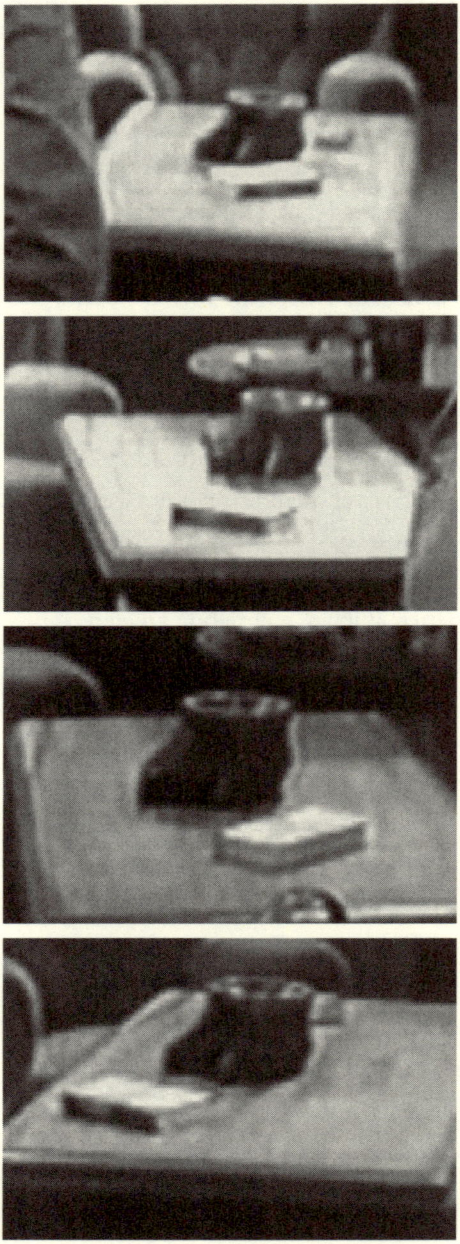

Buch Telekinese:
Wie von Geisterhand
rückt das Buch auf
dem Tisch von rechts
nach links und
wieder zurück.
In: *Der schwarze Abt*

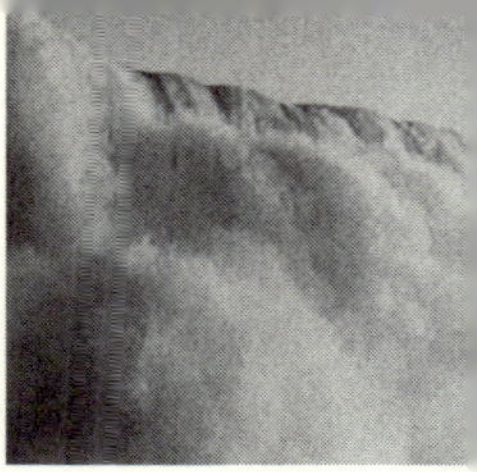

Der jugendliche »Batman« Ramsey Ellis geht ein wenig fahrlässig mit dem Tagebuch seines Vaters um – als er selbst in eine Grube fällt, läßt er auch das Tagebuch aus seiner Hand fallen. In der nächsten Einstellung stürzt Batman junior immer noch in die Tiefe, doch das Tagebuch hält er plötzlich wieder in der Hand.

Bei einer anderen Panne handelt es sich nicht einmal um Bücher, sondern nur um Zeitschriften. In dem Film *Nacht über Manhattan* (USA, 1997) rücken Zeitschriften auf einem Bürotisch wie von selbst in eine andere Position, nachdem Hauptdarsteller Andie Garcia den Raum verlassen hat.

Das war alles. Mehr haben Bücher und Zeitschriften hier leider nicht zu bieten, es sei denn, der Leser dieses Buches schlägt unter → Wallace, Edgar nach.

Bullitt Der für seine Autoverfolgungsjagden berühmte Klassiker des Polizeifilmgenres verdient wegen seiner originellen Pannen eine eigene Rubrik. Daß diese Pannen alle etwas mit Autos zu tun haben, muß man wohl nicht eigens erwähnen. Es geht damit los, daß der Seitenspiegel am Ford Mustang des Hauptdarstellers Steve McQueen mal am Wagen montiert ist und mal nicht. Später verfolgt McQueen in diesem Mustang einen Wagen mit zwei Gangstern. Beide Autos überholen einen VW Käfer. Doch dann treten die Gesetze von Raum und Zeit außer Kraft: Der Gangsterwagen zieht mitten auf einer Kreuzung an dem VW vorbei. McQueens Mustang, der doch um einiges zurückliegt, überholt den wohlgemerkt fahrenden VW an genau derselben Stelle. Und es kommt noch

Bullitt Der praktische Seitenspiegel von Steve McQueens Mustang: Er demontiert sich von selbst, wenn man ihn nicht braucht.

schlimmer: Der Wagen der Gangster verliert bei der Verfolgungsjagd insgesamt drei Radkappen. Kurz bevor er in eine Tankstelle rast und explodiert, springen allerdings noch einmal zwei Radkappen von den Rädern.

Casablanca (USA, 1942) Dieser berühmteste aller Filme ist laut Umberto Eco deshalb so grandios, weil in ihm sämtliche Zitate und Referenzen der Filmgeschichte versammelt sind. Casablanca, so Eco, sei nicht ein Film, sondern viele, weil er fast aus Zufall entstanden sei. Aus Zufall deshalb, weil die Geschichte ohne Script und erst beim Drehen entstand: »... bis zum letzten Moment wußten weder der Regisseur noch die Drehbuchschreiber, ob nun Ilsa mit Victor oder mit Rick abfliegen würde«, schreibt Eco in seinem Aufsatz »Casablanca oder die Wiedergeburt der Götter«.

Um so etwas wie eine Handlung zustandezubringen, packte man einfach alles in die Geschichte, was man vom Film eben so kannte. Und die Pannen? Die sind genauso wichtig. Wenn in *Casablanca* sämtliche Zitate und Referenzen der Filmgeschichte vorkommen, dann müssen auch die Pannen der Filmgeschichte dazugehören. Zu Beginn des Films wird ein flüchtender Mann auf offener Straße von militärischen Ordnungskräften niedergeschossen. Der tödlich Getroffene fällt in unmittelbarer Nähe eines Torbogens zu Boden. In der folgenden Naheinstellung steht in diesem Torbogen plötzlich eine Zuschauerin, die man eine Sekunde vorher noch nicht dort sah. In einer Rückblende steht Humphrey Bogart auf einer Straße in Paris im Regen. Als er kurz darauf in einen Zug einsteigt, ist

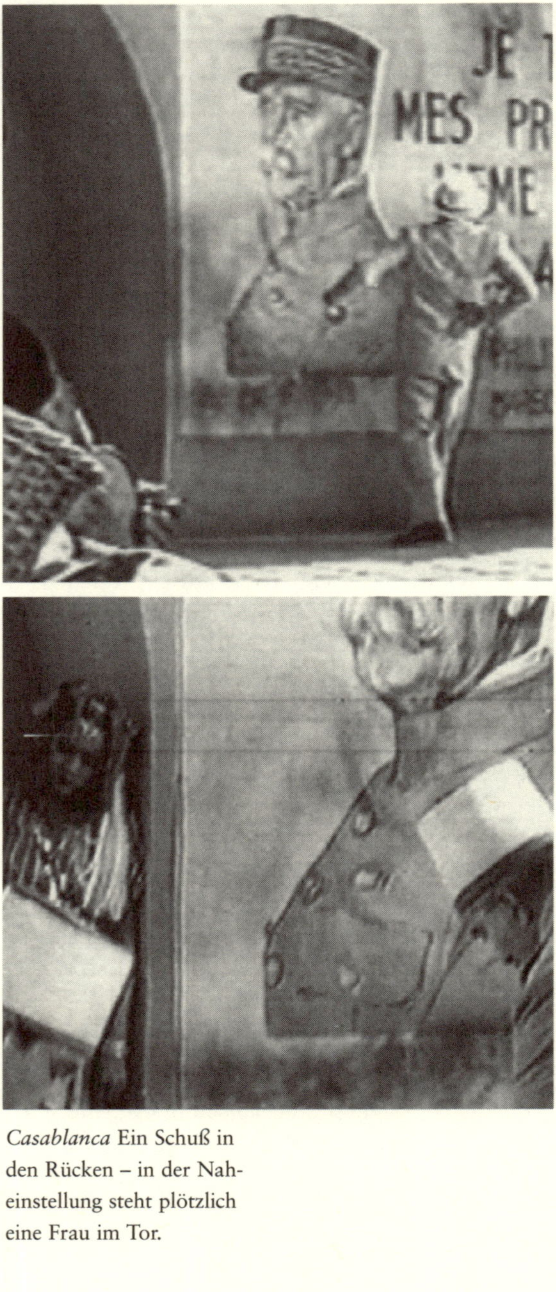

Casablanca Ein Schuß in den Rücken – in der Naheinstellung steht plötzlich eine Frau im Tor.

sein vormals durchnäßter Mantel wieder trocken. Übrigens wird die gern zitierte Aufforderung »Play it again, Sam« so nie in *Casablanca* ausgesprochen, weder von Humphrey Bogart noch von jemand anderem. Ingrid Bergmann sagt lediglich: »Play it once, Sam, for old times' sake«, und in einer anderen Szene sagt Bogart: »You played it for her, you can play it for me. Play it.«

De Niro, Robert Würde jemals ein Oscar für den Schauspieler mit den häufigsten Filmpannen verliehen, Robert de Niro wäre ein sicherer Kandidat für die Nominierung. Warum er so häufig in fehlerhaften Szenen vertreten ist, muß leider Spekulation bleiben. Ohnehin weiß man wenig über De Niro. Dieser Schauspieler, auch das Chamäleon des Films genannt, versteht es gut, seine Person hinter seinen Filmcharakteren zu verbergen, so daß niemand weiß, wer der wirkliche De Niro ist. Eine Erklärung für seine Pannen wäre, daß er sie selbst inszeniert hat – schließlich wird ihm von Eingeweihten ein Sinn für bizarren Humor nachgesagt. Aber beweisen kann man nichts.
Ein Beleg für diese These wäre Quentin Tarantinos Film *Jackie Brown* (USA, 1997). Robert De Niro wird hier von Co-Star Samuel Jackson in einem Kleinbus erschossen. Vor dem fatalen Schuß sieht man durch die Windschutzscheibe regen Verkehr auf der Straße. Nach dem Schuß jedoch ist diese Straße wie leergefegt. Ob De Niro seine Hand im Spiel hatte? Vielleicht wollte er seinem Filmtod eine zusätzliche dramatische Note verleihen, indem er das leidige Verkehrschaos einfach ausblenden ließ, nach dem Motto: Als De Niro starb, lagen die Straßen von Las Vegas verlassen. Der Wind war der einzige Zeuge.

Auffallend ist in jedem Fall die Häufung der Pannen bei De Niros Zusammenarbeit mit Star-Regisseur Martin Scorsese. Auch dieser soll übrigens eine Vorliebe für bizarren Humor haben.

Noch relativ plausibel als Fehler bei der Filmbearbeitung ist die »Dummy-Panne« in Scorseses *Casino* (USA, 1995) zu erklären. In diesem Drama um die mafiosen Strukturen in Las Vegas steigt De Niro in seinen Wagen, der zuvor von der Mafia mit Sprengstoff präpariert wurde. Kurz bevor der Wagen explodiert, sieht man deutlich, daß nicht mehr der Star hinterm Steuer sitzt, sondern eine Puppe.

Schon anders verhält es sich in *Taxi Driver* (USA, 1975), der eindringlichen Studie über einen der Stadt New York überdrüssigen Taxifahrer (s. a. → Sonnenbrille). De Niro fährt hier in seinem Taxi an einer Schaufensterscheibe vorbei. Aufgepaßt! Im Glas nämlich spiegelt sich deutlich eine Kamera des Filmteams.

Ins Komische geht die Panne in Scorseses Thriller *Kap der Angst* (USA, 1991). Hier sitzt De Niro mit seiner Filmpartnerin Illeana Douglas in einer Bar. Man achte auf ihren geöffneten Hemdkragen. Diesen nämlich knöpft sie mitten im Gespräch zu, doch nur wenige Sekunden später ist er wieder offen.

In *King of Comedy* (USA, 1982), Scorseses bitterem Blick auf das Showgeschäft, steigt der an der linken Hand verletzte De Niro in den Wagen von Co-Star Jerry Lewis. Der gibt ihm ein Taschentuch, das sich De Niro um die lädierte Hand wickelt. Während sich die beiden unterhalten, verschwindet das Tuch von einer Sekunde auf die andere, wenige Einstellungen später allerdings ist es wieder da.

Mit der Unaufmerksamkeit des Script Supervisors kann man sich die Panne in *Midnight Run – Fünf Tage bis Mitternacht* (USA, 1988) erklären. In diesem leicht ironischen Actionfilm – ein auf Kaution freigelassener Mafiosi muß wegen seiner Flugangst von Kopfgeldjäger De Niro auf dem Landweg von New York nach Los Angeles gebracht werden – sieht man Robert De Niro beinahe nie ohne eine Zigarette zwischen den Fingern. Da kann man als Script Supervisor schon einmal durcheinanderkommen. De Niro hat den flugängstlichen Mafiosi in eine Zugtoilette gesperrt. Als er ihn wieder befreien will, nimmt er bewußt seine Zigarette von der rechten in die linke Hand, um die Toilettentür öffnen zu können. Aber er scheint sich doch noch kurzfristig anders entschieden zu haben. In der nächsten Einstellung öffnet De Niro die Tür mit der rechten Hand, und auch die Zigarette steckt wieder zwischen den Fingern. Einige Schachteln später, als De Niro und sein Schützling in einem Güterwagon gemütlich im Stroh sitzen, verschwindet De Niros Zigarette für Sekunden sogar komplett.

Acht Finger schließlich und keinen Daumen scheint De Niro als Pfadfinder in *This Boy's Life* (USA, 1993) zu haben. Da zeigt er seinem Pfadfinderschützling Leonardo Di Caprio einen Zeitungsartikel. Zuerst ist die Sequenz aus Di Caprios Perspektive gefilmt, und man sieht die Vorderseite der Zeitung, über deren obere Kante die vier Finger von De Niros Hand ragen. Nach einem Perspektivwechsel ist Di Caprio selbst im Bild, mit der Rückseite der Zeitung. Seltsamerweise ragen auch jetzt wieder De Niros vier Finger über die Kante, und kein Daumen ist zu sehen, der eigentlich erscheinen müßte.

D'Onofrio, Vincent Dieser in Deutschland relativ unbekannte Schauspieler könnte es durchaus zu einem größeren Bekanntheitsgrad bringen – wenn er weiter in so vielen Filmpannen mitmischt. Zusammen mit → Michael Douglas und → Robert De Niro könnte er eine Interessengemeinschaft gegen die Schlamperei im Film gründen. Sieht sich doch D'Onofrio in seinen Filmen immer wieder mit den unmöglichsten Begebenheiten konfrontiert.

In der Science Fiction-Komödie *Men in Black* (USA, 1997) betritt der Schauspieler mit einem Gewehr in den Händen ein Leichenhaus. Nur wenig später ist aus diesem Gewehr eine Pistole geworden, mit der D'Onofrio herumfuchtelt. In Stanley Kubricks Vietnam-Drama *Full Metal Jacket* (USA, 1987) spielt er den gebeutelten Rekruten »Private Paula«. Beim ersten Kontakt der Rekruten mit ihrem Ausbilder, gespielt von Lee R. Ermey, stehen sich diese in zwei Reihen gegenüber. Wie man es beim Militär so macht, schreitet der Ausbilder diese Reihen ab. Er geht an D'Onofrio vorbei, der in der Mitte der Reihe steht, und gleich noch mal an D'Onofrio, der – es ist wie verhext – nun am Ende der Reihe steht. Im gleichen Film sieht man D'Onofrio bei einer Schießübung. Er trägt eine weiße Binde um das rechte Handgelenk, aber im Laufe der Einstellungen verschwindet diese Binde immer mal wieder. Man kann sich des Eindrucks nicht erwehren, daß Stanley Kubrick hier unbeabsichtigt die Römischen Soldaten aus Asterix und Obelix porträtiert hat.

Vinzent D'Onofrio hat noch mehr zu bieten. Im Film *Alle Liebe dieser Welt* (USA, 1996) setzt er noch eins drauf, als er versucht, seinen Wagen zu starten. Als der nicht anspringt, steigt er aus und entfernt sich vom Auto.

Dabei läßt er die Fahrertür offenstehen. Als er nach kurzer Zeit zurückkommt, ist die Tür – was soll man dazu sagen – geschlossen.

Douglas, Michael Michael Douglas ist, wie → Robert de Niro ein Anwärter auf den Oscar für die häufigsten Filmpannen. Warum ausgerechnet dieser Schauspieler in seinen Filmen immer wieder in Situationen gerät, in denen es nicht mit rechten Dingen zuzugehen scheint, muß Spekulation bleiben. Auffällig ist jedoch, daß auch sein Vater Kirk schon in Filmpannen verwickelt war (s a. → Armbanduhr in *Spartacus*) Vielleicht nennt man so etwas Familienschicksal. Oder lag das an dem Douglasschen Grübchen im Kinn, die einen weiblichen Script Supervisor verwirrt haben?
Michael Douglas jedenfalls kann einem angesichts seiner unfreiwilligen Mißgeschicke beinahe leid tun. Im dem für seine Sex-Szenen berüchtigten Thriller *Basic Instinct* (USA, 1991) verliert sein Wagen bei einer Autoverfolgungsjagd das vordere Nummernschild. Wenige Augenblicke später ist das Nummernschild wieder ordnungsgemäß an seinem Platz.
In der Komödie *Hallo, Mr. President* (USA, 1995) spielt Michael Douglas den amerikanischen Präsidenten. Der schenkt seiner Tochter, dargestellt von Samantha Mathis, ein Buch. Als sie es an sich nimmt, ist der Titel auf dem Buchrücken nach unten gedreht, obwohl der Präsident es mit dem Buchtitel nach oben überreicht hat. Im Thriller *The Game* (USA, 1997) befindet sich Michael Douglas in der Abflughalle eines Flughafens. Er trägt ein hellblaues Hemd, in dessen Hemdtasche ein Kugelschreiber steckt.

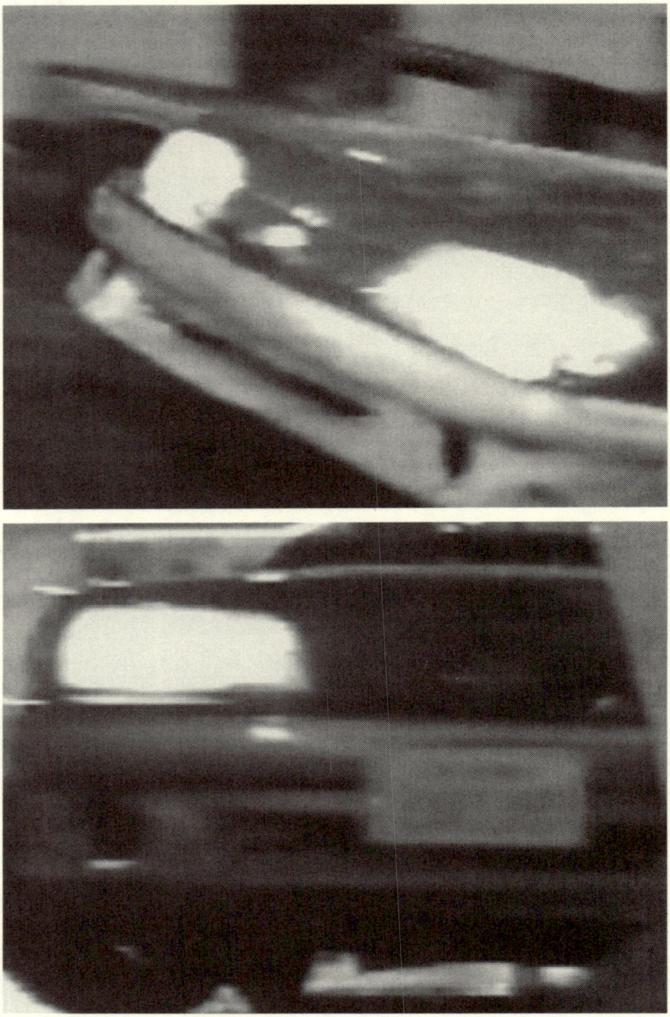

Douglas, Michael So wird das nie was mit der Verfolgungsjagd: Douglas hat das abgefallene Nummernschild wohl schnell wieder angeschraubt.
In: *Basic Instinct*

Wie es manchmal so passiert, leckt dieser Stift und bekleckert das Hemd mit Tinte. Michael Douglas sucht die Toilette auf, wo er versucht, das Hemd mit Wasser zu reinigen. Ein wenig komisch ist es schon, daß das hellblaue Hemd jetzt plötzlich Karos hat. Und noch mehr Rätselhaftes geschieht: Beinahe während des gesamten Films trägt Michael Douglas eine Aktentasche bei sich. Als er in einen fingierten Unfall gerät, steigt er in einen bereitstehenden Krankenwagen, diesmal ohne die Aktentasche. Als der Krankenwagen vor der Klinik hält und Michael Douglas wieder aussteigt, trägt er sie plötzlich wieder bei sich.

Selbst auf seine Filmpartnerin Glenn Close schien etwas von seinem Pech abgefärbt zu sein. In dem Ehebruchsthriller *Eine verhängnisvolle Affäre* (USA, 1987) greift sie während eines Restaurantbesuchs zweimal hintereinander nach ihrer Handtasche, um sich eine Zigarette anzuzünden. Eine andere Szene zeigt ein Telefonat zwischen ihr und Michael Douglas. Es ist zwei Uhr nachts, als das Telefon bei Douglas klingelt, aber in Glenn Closes Zimmer sieht man Tageslicht durchs Fenster fallen.

In *Wall Street* (USA, 1987) spielt Douglas den rücksichtslosen Banker Gordon Gekko. Bei einer Verhandlung mit Gewerkschaftern und Firmenangehörigen, bei der es um die Übernahme einer Flugzeugfirma geht, sieht man Michael Douglas mit weißen Schuhen im Raum umhergehen. In einer späteren Einstellung sind seine Schuhe abermals im Bild. Sie sind jetzt schwarz. Gordon Gekko alias Michael Douglas hat bis dahin den Raum nicht verlassen, und man kann annehmen, daß er auch kein Ersatzpaar Schuhe für die Verhandlung dabeihatte.

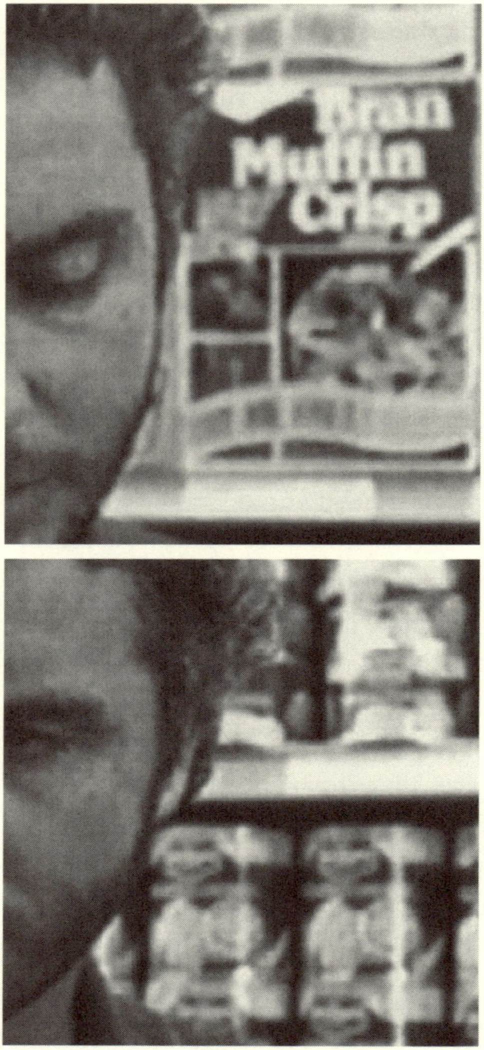

Essen Die Müsliriegel im Supermarkt verwandeln sich in nicht ganz so gesunde Gemüsekonserven.
In: *Roter Drache*

Michael Douglas geriet halt immer wieder an die verliebte Script Supervisorin, die sein Grübchen im Kinn ansah und nicht auf Fehler im Ablauf des Filmgeschehens achtete. Kirk, sein Vater, hätte ihn warnen können.

Essen Wer kann sich daran erinnern, im Kino jemals Clint Eastwood beim Frühstück gesehen zu haben? Tatsache ist, daß genau das schon vorkam. Bei einem Frühstück im Liebesfilm *Die Brücken am Fluß* (USA, 1995) bekommt Eastwood von Partnerin Meryl Streep eine Scheibe Toast auf den Teller gelegt. In der nächsten Einstellung befindet sich Marmelade auf dem Toast. Wieder eine Einstellung später ist dieser Brotaufstrich verschwunden, und Meryl Streep fragt den hungrigen Eastwood, ob er Marmelade auf den Toast haben möchte.

Unstimmigkeiten während des Essens gibt es auch in *Vertrauter Feind* (USA, 1996). In diesem Thriller um einen IRA-Kämpfer, der für die Dauer eines Waffengeschäfts in New York bei der Familie eines Polizisten Unterschlupf findet, sitzt die Familie gerade beim Abendbrot, als plötzlich Attentäter das Eßzimmer stürmen. Darstellerin Gabrielle Reidys Teller füllt sich in diesem Durcheinander wohl von selbst mit den Speisen auf dem Tisch. Sie selbst jedenfalls hatte im Chaos des Geschehens keine Möglichkeit, sich zu bedienen.

In *Auf Kriegsfuß mit Major Payne* (USA, 1995) hat Darsteller Damon Wayans großen Appetit. Seinen Teller ißt er im Eiltempo leer. In der folgenden Einstellung jedoch ändert sich die Perspektive und man sieht Wayans von schräg hinten. Den Teller sieht man auch. Er ist, eigentlich

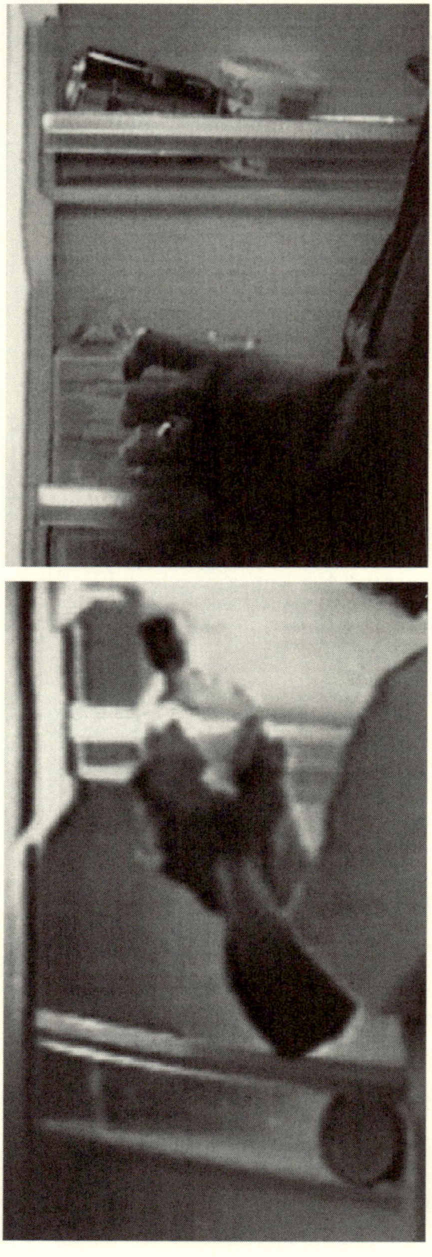

Essen Gut gekühlt, halb gefüllt: Der plötzlich geleerte Kühlschrank
In: *Independence Day*

ein paradiesischer Vorgang, jetzt wieder voll beladen. Es sieht ganz so aus, als befände sichWayans im Schlaraffenland.

Denzel Washington scheint im Aids-Drama *Philadelphia* (USA, 1992) Probleme zu haben, einen Tisch korrekt zu decken. Für das Abendessen mit seiner Frau stellt er zwei Teller und jeweils daneben zwei kleine Schüsseln auf den Tisch. Er verschwindet für kurze Zeit in der Küche, doch als er wiederkommt, stehen die Schüsseln plötzlich nicht mehr neben, sondern auf den Tellern.

Im Thriller *Roter Drache* (USA, 1986) bleibt Hauptdarsteller William Petersen im Supermarkt vor einem Regal mit Müsli-Packungen stehen. Die sind für amerikanische Verhältnisse vielleicht doch zu gesund. Ohne daß er sich vom Fleck bewegt hätte, steht Petersen nämlich in der nächsten Einstellung vor den Gemüsekonserven.

Jeff Goldblum schließlich öffnet in *Independence Day* (USA, 1995) einen hinlänglich gefüllten Kühlschrank. Der Kühlschrank muß sich selbst an den Lebensmitteln vergriffen haben, denn als Goldblum wenige Sekunden später seine Tür ein zweites Mal öffnet, ist der Kühlschrank so gut wie leer.

Fahrzeug Auf vielen Seiten dieses Lexikons finden sich bereits Pannen, an denen die verschiedensten Fahrzeuge beteiligt sind (s. a. → Bond, Bullitt, Polizeiwagen).

Es braucht eigentlich nicht extra erwähnt zu werden, welche Bedeutung das Auto für den Film, insbesondere für den amerikanischen Roadmovie hat. Dort verkörpert es das höchste Gut der amerikanischen Zivilisation, nämlich die Mobilität. Auch sind Fahrzeuge, insbesondere

Fahrzeug Linksverkehr oder Rechtsverkehr? Der Fahrer kann sich nicht entscheiden, auf welcher Seite er hinterm Steuer sitzt. (Man achte auch auf Windschutzscheibe und Nummernschild!) In: *Hard to kill*

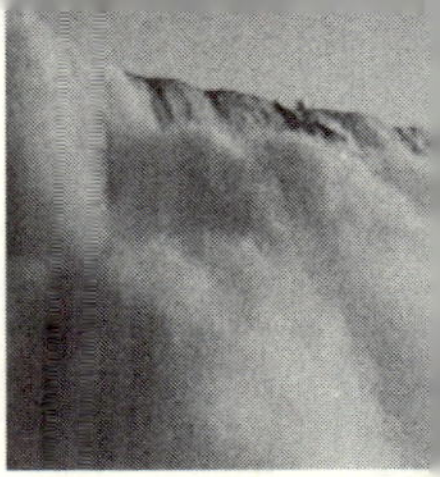

Autos, eine sprudelnde Quelle für jeden Filmpannensucher. In *Nix zu Verlieren* (USA, 1991) fällt Darsteller Martin Lawrence durch das Heckfenster eines von Topstar Tim Robbins gesteuerten Geländewagens. Im Widerspruch zu den Gesetzen der Physik rollt der Herausgefallene jedoch nicht in Fahrtrichtung des Autos über die Straße, sondern entgegengesetzt vom Auto weg.

Clint Eastwood und Beifahrer Hal Holbrook fahren in der *Dirty Harry*-Fortsetzung *Calahan* (USA, 1973) mit dem Auto durch die Stadt. Holbrook bedroht Eastwood mit einer Pistole. In den folgenden Sekunden sieht man durch das Fenster hinter dem Fahrersitz, wie der Wagen gleich dreimal hintereinander ein- und dasselbe orangefarbene Straßenschild mit der Nummer 73 passiert.

Unglaubliches geschieht auch in *Das zweite Gesicht* (USA, 1973), als die Darsteller Macaulay Culkin und Elijah Wood von einer Brücke aus eine Puppe auf eine vielbefahrene Straße werfen. Dadurch kommt es zu einer seltsamen Massenkarambolage. Die Heckscheibe eines Wagens nämlich zerspringt noch vor dem Aufprall des von hinten heranrasenden Autos.

Vergleichbares passiert in der Horrorkomödie *American Werewolf* (USA, 1981), in der ein Autofahrer bereits durch die Frontscheibe seines Wagens geschleudert wird, bevor es zum Zusammenstoß mit einem anderen Auto kommt.

Über das schwierige Verhältnis von rechts und links haben wir in diesem Buch geschrieben. Bei einer Flucht vor seinen Gegnern steuert Steven Seagal in *Hard to Kill* (USA, 1989) seinen Jeep durchs Gelände. Dabei rutscht allerdings das Lenkrad des eigentlich links gesteuerten Wagens zwischendurch auch mal auf die rechte Seite. Wir sagen nur: Kein Linksverkehr! Entweder wurden beim Drehen zwei verschiedene Autos verwendet, oder die Sequenz wurde schlicht und einfach spiegelverkehrt eingefügt.

Mit einem Geisterauto bekommen wir es auch zu tun: In *Breakdown* (USA, 1997) fährt der Hauptdarsteller Kurt Russel in einem Kleinlaster über die Landstraße und wird von einem Gangster mit dem Auto verfolgt. Als Gegenmaßnahme drängt Russel das Auto mit seinem Laster von der Straße. Das Auto überschlägt sich dabei, doch sein Fahrer hat sich wohl sicherheitshalber schon aus dem Staub gemacht: Im Auto jedenfalls ist niemand mehr zu sehen.

Zu Beginnn von *D.A.R.Y.L. – Der Außergewöhnliche* (GB, 1995) fehlt einem Auto die Radkappe des linken hinteren Rades. Wenig später, kurz bevor das Auto eine Klippe hinabstürzt, ist allerdings die Radkappe wieder am Rad.

Die Limousine von Rupert Everett in der Klamotte *Inspector Gadget* (USA, 1999) wird vom sogenannten Gadgetmobil des Inspectors gerammt. Das Ergebnis ist ein verbeulter linker Kotflügel. Der jedoch glättet sich wie durch Zauberei, bevor der Wagen völlig zu Schrott gefahren wird.

Zu guter Letzt: Eine nicht gerade glückliche Situation erlebt ein Motorrad fahrender Verfolger eines Autos in *The Rock* (USA, 1996): Bei einer Nahaufnahme des Motorrads sieht man deutlich, daß sich das Vorderrad gar nicht dreht.

Flugzeug Hier unterscheidet man zwei Arten von Pannen: Einerseits sind es Flugzeuge, die ganz anachronistisch über den Himmel eines historischen Films gleiten, obwohl man im Bereich der Verkehrstechnik erst bei Postkutsche und Ruderkahn war. Andererseits ist das Flugzeug genau der Gegenstand des Films, rund um den die Panne geschieht. Für dieses Verkehrsmittel gibt es sogar ein eigenes Genre: den Flugzeugkatastrophenfilm. Dieser ist meist nach immer demselben Strickmuster gedreht: Ein Jumbo stößt in der Luft mit der Cessna eines Hobbyfliegers zusammen, der Flugzeugkapitän wird durch ein Loch im Dach des Cockpits ins Freie gesaugt, der Copilot erleidet einen Herzinfarkt und eine hübsche Stewardeß muß den Jumbo auf dem Airport von Chicago landen.

Auch zu Beginn von *Cliffhanger* (USA, 1993) kommt es zu einer Flugzeugkatastrophe. Eine Maschine stürzt über den Bergen ab. Einigermaßen unversehrt rutscht das Flugzeug über einen Schneehang und kommt gerade noch am Rande eines Abhangs zum Stehen. Die Flugzeugnase ragt bereits über den Abgrund hinaus. In der nächsten Einstellung, in der das Flugzeugwrack zu sehen ist, liegt es allerdings in einem Waldstück, und von einem Abgrund ist weit und breit nichts zu sehen.

In *Passagier 57* (USA, 1992) wird eine Geisel aus einem entführten Flugzeug zur vorderen Einstiegstür hinausgeworfen. Glück für die Geisel, daß am Boden schon eine blaue Stunt-Matte bereitsteht. Die ist zwar, wie es sich für einen ordentlichen Actionfilm gehört, in der Szenerie nicht zu sehen, im silbernen Rumpf des Flugzeuges aber spiegelt sie sich deutlich.

Flugzeuge Von unten gesehen: Die Flugzeugnase ragt über den Abgrund hinaus. Kurz darauf ist vom Abgrund nichts mehr zu sehen. In: *Cliffhanger*

Frisur Es wäre ein eigenes, ganz anderes Lexikon wert: Man könnte die Frisuren unserer Filmstars und -sternchen in ihren Filmen einer vergleichenden Analyse unterziehen. Fest steht, daß so manche Frisur ihren Weg vom Film in die weite Welt hinaus gemacht hat.

In den sechziger Jahren löste die unvergleichliche Audrey Hepburn eine wahre Hochfrisur-Manie aus, weil sie in *Frühstück bei Tiffany* ihre langen Haare mit Hilfe einer Unzahl von Haarnadeln auf dem Kopf auftürmte. Und nachdem Jean Seberg in Godards Meisterwerk *Außer Atem* mit einer flotten Kurzhaarfrisur aufgetaucht war, fielen überall in Europas Haarsalons die Locken.

Weil dies kein Lexikon der Filmfrisuren ist, sondern eines über Filmpannen, wenden wir uns der Suche nach den kleinen Unstimmigkeiten zu, die dem einen oder anderen Schauspieler die Frisur im wahrsten Sinn des Wortes gründlich zersausen. Es geht los mit einem Film, der überwiegend im Highschool-Milieu angesiedelt ist und mit recht exzentrischen Haartrachten aufwarten kann. In John Hughes *Pretty in Pink* (USA, 1985) verändert sich die sowieso schon eigenwillige Frisur von Darsteller Harry Dean Stanton mehrmals innerhalb weniger Sekunden zu immer wahnwitzigeren Kreationen.

Auch in dem Streifen *God's Army* (USA, 1994) verschiebt sich frisurmäßig gesehen etwas: Die beiden Zöpfe von Moriah Shining Dove Snyder, die zuerst hinter den Schultern hingen, wandern da auf wundersame Weise nach vorn über die Schultern.

Auch in Milos Formans Zeitporträt *Ragtime* (USA, 1981) kommt dieses Schulterproblem vor. Darstellerin Elizabeth

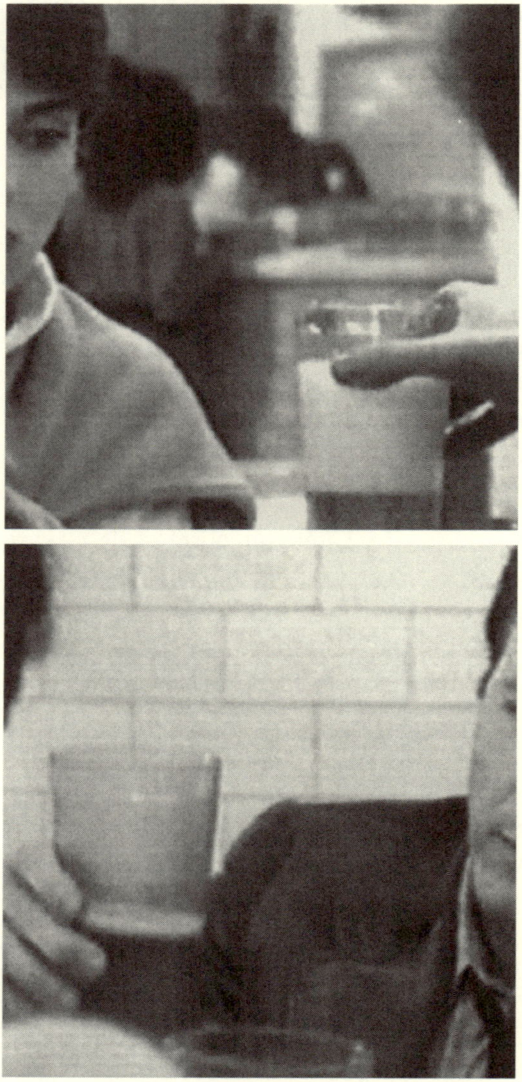

Getränke Der Schaum im Bierglas hat sich gesetzt – aber geht das innerhalb einer Sekunde? In: *Katzenmenschen*

Mc Govern sitzt in einer Szene nackt auf einem Sofa. In einigen Bildern hängt ihr Haar dabei über die rechte Schulter, in anderen wiederum bleibt es brav auf dem Rücken.

Eine Untergruppe in dieser Rubrik bildet die Kategorie »Scheitel«. Scheitelpannen gibt es en gros. Wer achtet schon darauf, auf welcher Seite ein Scheitel getragen wird? Zur Verdeutlichung seien zwei Pannen vorgestellt: In der John Grisham-Verfilmung *Der Klient* (USA, 1994) trägt der junge Hauptdarsteller Brad Renfro seinen Scheitel auf der rechten Seite. Nur einmal, während einer Unterhaltung mit einem Mafia-Gangster ist dieser Scheitel auf die linke Seite gerutscht. Auch in *Playing God* (USA, 1997) gibt es eine Scheitelpanne. Darstellerin Angelina Jolie trägt beim Eintreten in ein Hochhaus den Scheitel auf der linken Seite. Während einer Fahrt mit dem Aufzug zusammen mit Filmpartner Timothy Hutton trägt sie diesen Scheitel rechts. Was stutzig macht: Beim Verlassen des Fahrstuhls ist der Scheitel wieder auf der linken Seite des Kopfes.

Ganz sicher ließen sich hier noch einige Seiten mit »Scheitel-, Dutt-, Zopf-, Glatzen- oder auch Kotelettenpannen« füllen – aber das wäre auf Dauer wohl doch etwas ermüdend.

Geld Wegen des Geldes werden Filme überhaupt erst gedreht. Man achte auf die doppelte Bedeutung dieses Satzes: Er bezieht sich erstens auf die spätere Vermarktung und zweitens auf die Handlung selbst: In mindestens jedem dritten Film geht es in irgendeiner Weise um Geld. Auch in der folgenden Sequenz aus *Strangers – Sanfte*

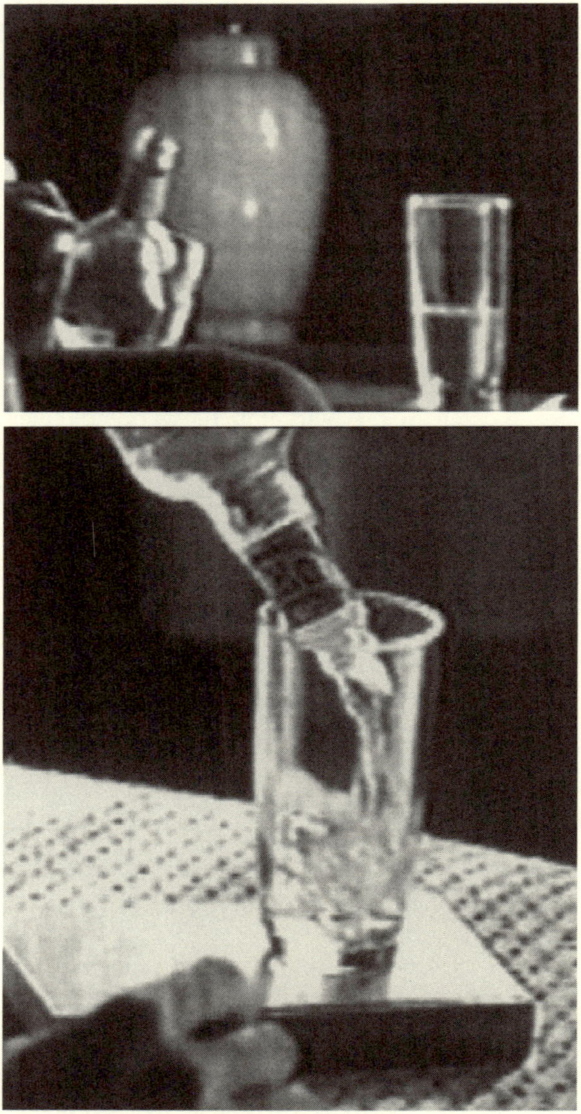

Getränke Das Glas von Nicolas Cage hat sich von selbst geleert.
In: *Leaving Las Vegas*

Augen lügen nicht (USA, 1992) ist das so. Zwei Gangster kaufen in einem Juwelengeschäft eine Armbanduhr. Einer der beiden legt Geld auf die Ladentheke, und obwohl niemand es von dort weggenommen hat, ist es in der nächsten Einstellung schon verschwunden.

Getränke Mit den Getränken verhält es sich ein wenig anders als mit dem → Essen. Das Trinken im Film ist oft mehr als eine Form der Flüssigkeitsaufnahme, und deshalb sehen die meisten Zuschauer auch genauer hin. In den Filmpannen dieser Rubrik ist es beinahe ausschließlich Hochprozentiges, das für Verwirrung sorgt.
Den Beginn macht John Heard im Horrorfilm *Katzenmenschen* (USA, 1981). Er gönnt sich zu seinem Kantinenessen eine Dose Bier, die er aber aus einem Becher trinken will. Das Einschenken will noch nicht so ganz klappen: Der halbe Becher ist mit Schaum gefüllt. Doch dessen ungeachtet prostet er der am Tisch gegenüber sitzenden Nastassja Kinski zu, und siehe da, innerhalb einer Sekunde ist der Schaum verschwunden.
In *Kaffee, Milch und Zucker* (USA, 1994) reicht Drew Barrymore während einer Party ihren Cocktail an Whoopi Goldberg weiter, weil sie auf der hauseigenen Minigolfanlage eine Runde spielen möchte. Goldberg verläßt mit dem Cocktailglas den Raum, aber gleich darauf hält auch Drew Barrymore den ominösen Drink wieder in der Hand.
Mit dem Füllstand ihrer Gläser haben beispielsweise auch Heino Ferch oder Nicolas Cage zu kämpfen. Im Alkoholiker-Drama *Leaving Las Vegas* (USA/F, 1995) packt

Cage einen Koffer, wozu er als Alkoholiker natürlich ein Glas Whisky trinken muß. Neben Cage steht ein halbvolles Glas, doch als er nachschenken will, ist es plötzlich leer, obwohl er nicht daraus getrunken hat. Vielleicht hat sich der Script Supervisor hier selbst ein Gläschen genehmigt.

Heino Ferch speist in *Comedian Harmonists* (D, 1997) mit dem Rest seiner Sängertruppe an einem großen Tisch. Vor ihm steht ein nur noch halbvolles Glas Wein. Als er jedoch in einer Naheinstellung einen Schluck daraus nimmt, ist das Glas plötzlich wieder zu drei Vierteln gefüllt.

Das Segelschulschiff in *White Squall – Reißende Strömung* (USA, 1996) schwankt während eines Sturms auf hoher See heftig hin und her. Auch in der Kombüse gerät alles ins Wanken. Bis auf den Orangensaft in einer Karaffe. Der nämlich steht still und unbewegt da. Das Schwanken im Sturm ist nichts weiter als eine Simulation der Kamera.

Halloween In der Nacht auf den ersten November wird in den USA eines der wichtigsten Feste überhaupt begangen, vielleicht sogar ein wichtigeres Fest als Weihnachten und der Unabhängigkeitstag. Unentbehrliche Bestandteile sind ausgehöhlte Kürbisköpfe, die man vor die Haustür stellt, und furchterregend verkleidete Kinder, die Süßigkeiten von den Nachbarn eintreiben. Kein Wunder also, daß Halloween als Stoff für zahlreiche Horrorfilme in Hollywood herhalten muß.

Das Grauen in *Halloween – Die Nacht des Grauens* (USA, 1978) hat jedoch, wenn man genau hinsieht, auch seine komischen Seiten. Kurz bevor Nebendarstellerin

Nancy Kyes in der Halloween-Nacht von einem Verrückten ermordet wird, ist sie in ihrem Zimmer beim Umkleiden zu sehen. Sie trägt einen einfarbigen Slip, der schon kurze Zeit später zu einem buntgemusterten Slip geworden ist.

Jamie Lee Curtis, zu Beginn ihrer Schauspielkarriere wegen ihrer haarsträubenden Schreie auch als die »Queen of Screams« bekannt, nimmt in *Halloween H20* (USA, 1998) eine Flasche aus dem Kühlschrank und öffnet sie, um daraus zu trinken. Sie reicht die geöffnete Flasche an ihren Filmpartner Adam Arkin weiter, der sie nach einem Einstellungswechsel gleich noch einmal öffnet.

Im selben Film ersticht Jamie Lee Curtis den Bösewicht der Geschichte, der daraufhin aus dem Fenster auf die Terrasse fällt. Nach seiner Landung sieht man das Messer in seinem Rücken stecken. Derweil steht Jamie Lee Curtis oben am Fenster, und tatsächlich hat auch sie die Tatwaffe noch in der Hand.

Hand Daß die Hände der Schauspieler den Verantwortlichen in der Continuity manchmal Probleme bereiten, erscheint verständlich. Schon im wirklichen Leben bringen manche Leute ihre beiden Hände durcheinander, vorzugsweise bei Tätigkeiten, die die Feinmotorik beanspruchen. Beim Heimwerken beispielsweise oder beim Knöpfeannähen heißt es schnell, jemand habe zwei linke Hände.

Ähnlich könnte man auch bezeichnen, was Jim Carrey im Blödelfilm *Dumm und Dümmer* (USA, 1994) passiert: Er packt einen Barmann mit der linken Hand am Hemd und zieht ihn über den Tresen. Als die Kamera die Sequenz

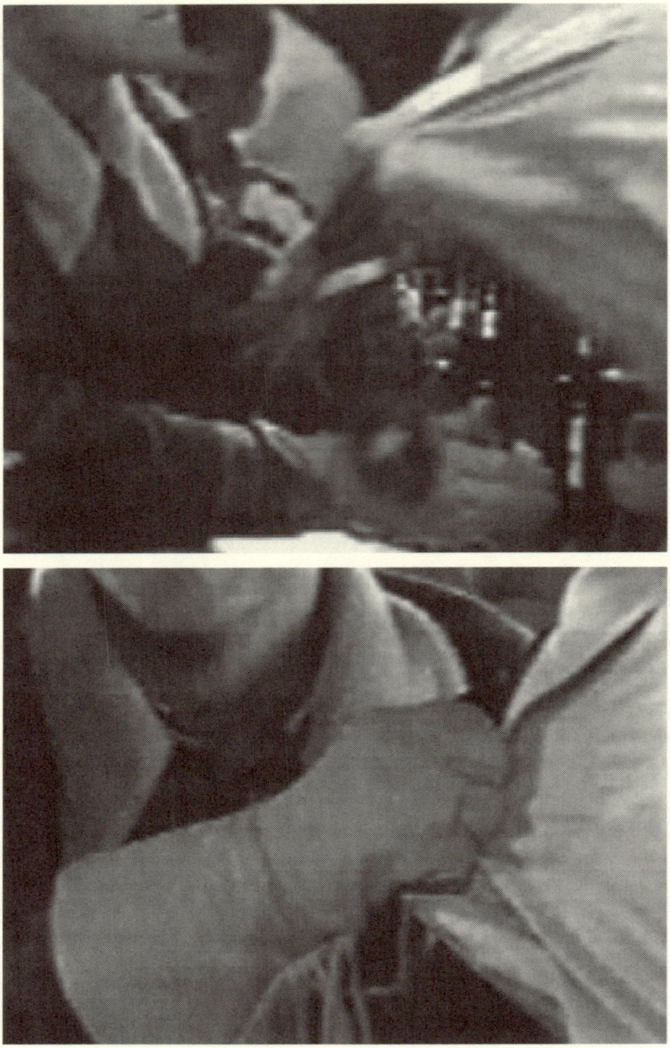

Hand Wie man sich am Barkeeper vergreift: Was die linke Hand macht, erledigt im nächsten Moment die rechte. In: *Dumm und dümmer*

von der anderen Seite zeigt, ist es jedoch die rechte Hand, mit der er den Mann hinterm Tresen drangsaliert. So eine Rauferei ist ja auch nicht einfach.

Nur eine Hand benötigt Natasha Richardson in *Die Geschichte der Dienerin* (D/USA, 1989), um ein Briefkuvert zu halten und ein Foto aus diesem Briefumschlag anzusehen. Dabei verschwindet der Briefumschlag während mehrerer Einstellungswechsel immer mal wieder.

Der Anwältin in *Das Messer* (USA, 1985) passieren ähnliche Sachen. Während einer Gerichtsverhandlung geht Glenn Close mit ein paar Blättern Papier in der Hand zum Richtertisch. Ohne die Blätter kehrt sie an ihren Platz zurück, doch dort angekommen, knallt die wütende Anwältin den Blätterstapel ihrem Co-Anwalt unter die Nase.

Auch ein Hitchcock-Film ist in dieser Rubrik dabei: Der Hauptdarsteller aus dem Frühwerk *Im Schatten des Zweifels* (USA, 1943), Joseph Cotten, drückt seine Partnerin Theresa Wright etwas zu fest am linken Handgelenk. Vor Schmerz reibt diese sich – das rechte Handgelenk. (s. a. → Hitchcock, Alfred)

Handschellen Ein äußerst wichtiges Accessoire für das Polizeifilm- und Krimigenre. Seltener kommen Handschellen im Western und im Actionfilm vor. Mit der zunehmenden Verwendung von modernen Plastikstrippen bei der Festnahme von Gangstern verliert die Signalwirkung der Handschellen neuerdings an Bedeutung.

Ein seltsames Paar Handschellen kommt im Thriller *Auf der Flucht* (USA, 1993) zum Einsatz. Hauptdarsteller Harrison Ford sitzt damit gefesselt in einem Bus. Als dieser bei einer Fluchtaktion der Mitinsassen verunglückt, wird Ford durch die Luft geschleudert. Dabei streckt er – eigentlich ein Ding der Unmöglichkeit – beide Arme weit zur Seite. Die Verbindungskette der Handschellen hat sich wohl mal kurz auf zwei Meter verlängert. Gleich darauf jedoch hat Ford wieder mit der herkömmlichen Handgelenkfessel zu kämpfen.

Handtasche Dieses Damen-Accessoire ist durch die Dominanz des ungleich praktischeren Rucksacks ein wenig aus dem Straßenbild verschwunden. Glücklicherweise kann man sie in einigen Filmen noch entdecken – aber auch im Gegenwartsfilm ist sie eigentlich ein Anachronismus. Sei´s drum. Mary Steenburgen jedenfalls trägt in *Butcher´s Wife – Mann ihrer Träume* (USA, 1991) eine Handtasche beim Besuch eines Psychiaters. Sie scheint schon sehr verwirrt zu sein, was das Aufsuchen des Psychiaters erklären würde. Mit ihrer Handtasche jedenfalls weiß sie nicht recht umzugehen. Als sie nämlich sein Büro betritt, stellt sie zuerst die Tasche auf dem Schreibtisch ab, hat aber genau dieses Behältnis, ohne es nochmals berührt zu haben, in der nächsten Einstellung wieder in den Händen.
Auch Melanie Griffith kann sich nicht entscheiden, wie ihre Handtasche zu tragen ist. In *Strangers – Sanfte Augen lügen nicht* trifft sie ihren Filmvater zu Hause im Wohnzimmer. Die Tasche preßt sie dabei mit beiden Händen an ihren Körper. Allerdings nur, wenn man sie in einer Einstellung von vorne sieht. Von hinten gesehen baumelt die Handtasche an Griffiths linker Hand.

Hitchcock, Alfred Zum Meister des Suspense muß man wohl nicht mehr viel sagen. Mit *Psycho* hat er die Duschkabine zum ewigen Inbegriff des Schreckens gemacht, und seit *Die Vögel* auf der Leinwand erschien, ist beim Anblick von Krähenscharen auf Stromleitungen niemandem mehr richtig wohl in seiner Haut. Wie → Robert De Niro wird Alfred Hitchcock eine Liebe zum bizarren Humor nachgesagt, und deshalb könnte man auch bei seinen Filmen vermuten, daß die Pannen eben doch keine Pannen waren. Was in *Die Vögel* (USA, 1963) passiert, ist in der Tat bizarr: Bei einem Angriff der Killerschwalben auf spielende Kinder werfen diese zwar Schatten – schließlich scheint die Sonne – nicht aber die Vögel. Die sind nämlich nachträglich in den Film kopiert.

Auch in *Vertigo – Aus dem Reich der Toten* (USA, 1958) gibt es einen Schatten-Fauxpas. James Stewart folgt Kim Novak in einen Blumenladen. Die schmale Straße vor dem Eingang ist trotz Sonnenscheins unbeschattet. Als Stewart nur Sekunden später am Ladeneingang ankommt, liegt die Hälfte der Straße im Schatten. Und wahrlich ein Filmpannen-Schatz ist jenes Kind, das sich in *Der unsichtbare Dritte* (USA, 1959) schon mal sicherheitshalber die Ohren zuhält, obwohl es noch gar nicht sehen kann, daß gleich jemand schießen wird.

Hopkins, Anthony Wegen seiner Rolle als hochintelligenter Kannibale in *Das Schweigen der Lämmer* ist Anthony Hopkins vielen eher unter dem Namen Hannibal Lecter bekannt. Kaum jemand weiß, daß er nicht nur in zahlreichen Filmen gespielt hat, sondern auch bei

Hopkins, Anthony
Spiegelverkehrt: Meinten diese Wähler es wirklich ernst mit Kandidat ›NOXIN‹?
In: *Nixon*

einigen hochkarätigen Filmpannen mitwirkte. In *Auf Messers Schneide – Rivalen am Abgrund* (USA, 1997) zeigt Hopkins in einer Angelszene, wie man von der einen Sekunde auf die nächste die Barthaare sprießen lassen kann. Hopkins hat sich zwischen zwei Einstellungen einen Drei-Tage-Bart stehen lassen.

Der Abenteuerfilm *Die Bounty* (USA, 1984) spielt im Jahr 1788. Anthony Hopkins spricht in einer Szene von »Australien«. Der Kontinent hieß damals allerdings noch »Neu Holland«, nach alter Kolonialherrenart.

Es soll Leute geben, die den Zwang haben, alles spiegelverkehrt zu schreiben. Daß sie selbst vor Wahlplakaten nicht haltmachen, zeigt Oliver Stones Politthriller *Nixon* (USA, 1995). Als Präsident Nixon tritt Hopkins vor eine jubelnde Menge, wo Plakate mit der Aufschrift »NOXIN« in die Höhe gehalten werden.

Hose Dieses Kleidungsstück ereilt im Film bisweilen ein ähnliches Schicksal wie die → Armbanduhren. Wer achtet schon genau auf die Hosen der Protagonisten?

Sehen wir uns den Film *No Way Out – Es gibt kein Zurück* (USA, 1987) an. Hauptdarsteller ist Kevin Costner. In einer packenden Szene flieht er vor zwei Detektiven in eine U-Bahnstation. Wird sich unter den Zuschauern jemand an die Farbe der Hose erinnern, die er dabei trägt? Es sei verraten, sie ist weiß und rein. In dieser Hose rutscht Kevin Costner auf seinem Allerwertesten ein Stück über die Rolltreppe. Das geht natürlich auf Kosten der Sauberkeit. Costner ist den Detektiven entkommen, aber seine Hose ist am Hinterteil schmutzig. Dessen ungeachtet steigt er, noch ganz außer Atem, in eine U-Bahn

und verläßt sie an der nächsten Station wieder. Doch siehe da, seine Hose ist jetzt sauber, als wäre er nie durch den Dreck gerutscht. Praktisch für Costner. So konnte er sich chic aus dem Staub machen.
Auffälliger ist die Hosenpanne in der Abenteuerkomödie *Theo gegen den Rest der Welt* (D, 1980). Marius Müller-Westernhagen ist Theo, ein Trucker, dessen Lastwagen geklaut wird. Zusammen mit seiner Freundin, gespielt von Claudia Demarmels, reist er auf der Suche nach dem Lastwagen durch halb Europa. In der betreffenden Szene befinden sich Müller-Westernhagen und Claudia Demarmels in einem Bus auf unfreiwilliger Besichtigungstour durch Genua. Claudia Demarmels trägt eine Hose. Als sie auf einer Anhöhe über der Stadt durch ein Aussichtsfernrohr sehen, entdecken sie auf einem Schiff im Hafen den Lastwagen. Westernhagen und Demarmels machen sich mit dem Bus auf dem schnellsten Weg nach unten, um die Abfahrt des Schiffes zu verhindern. Als sie in der Stadt ankommen und aus dem Bus steigen, trägt Demarmels einen Rock. So sind sie eben, die Frauen. In letzter Minute fällt ihnen ein, daß sie sich vielleicht noch umziehen sollten (→ Jacke).

Hubschrauber Man kennt den Hubschrauber gut aus den James Bond-Filmen, wo er manchmal wie aus dem Nichts auftaucht und unseren 007 gleich einem Rieseninsekt aus der Luft attackiert – bis der eines seiner Gimmiks von »Q« zum Einsatz bringt und den Hubschrauber explodieren läßt. Pannen, in die Hubschrauber verwickelt sind, findet man allerdings in ganz anderen Filmen.

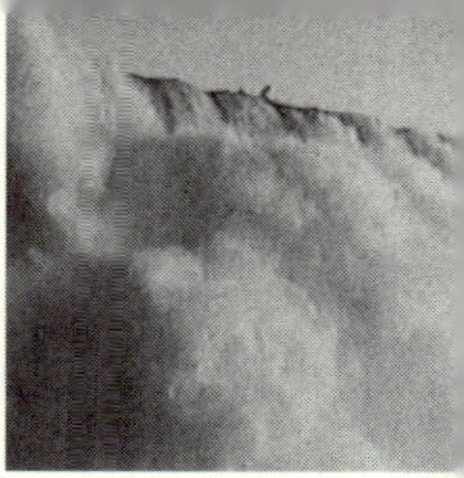

Im schon erwähnten *Passagier 57* (s. a. → Flugzeug) sehen wir einen Hubschrauber über den Wald fliegen. Die Nummer des Hubschraubers, die sich aus Buchstaben und Zahlen zusammensetzt, kann man allerdings nicht lesen – außer man ist der Spiegelschrift mächtig.
In Francis Ford Coppolas *Apokalypse now* (USA, 1979) wird für US-Soldaten in Vietnam ein Auftritt von Playboy-Bunnys veranstaltet. Der soeben gelandete Hubschrauber der Bunnys steht mit sich drehendem Rotor auf einer Plattform. Nur Sekunden später steht eines der Playboy-Mädchen oben auf dem Hubschrauber. Die Rotorblätter haben sehr schnell aufgehört sich zu drehen – andernfalls hätte es auch fatale Folgen für das Mädchen gehabt.

Hund Anders als Katzen spielen Hunde in Filmen gerne mal eine größere Rolle – denken wir mal an Lassie oder an den berühmten Rintintin. In vielen Filmen allerdings haben sie nur Nebenrollen zu besetzen – und da wird dann manchmal ein wenig nachlässig mit ihnen umgegangen. Einen Pudel als Fahrgast in ihrem Cabriolet haben Axel Milberg und Wigald Bohning in *Die Drei Mädels von der Tankstelle*. Allerdings sieht man den Hund nur in der Seitenansicht des Wagens. Von vorne gesehen, bleibt der Platz des Pudels leer.

Indiana Jones Gleichgültig, ob man ein Freund von rasanten Abenteuerspektakeln ist oder nicht: Man muß Steven Spielberg für die Indiana Jones-Trilogie loben. Die drei Filme mit ihrer wahnwitzigen Handlung führen den

Zuschauer nicht nur in kürzester Zeit durch alle Kontinente und Zeitzonen, sondern auch durch eine Vielzahl von Kinogenres. Für jeden ist etwas dabei, und langweilig wird einem ganz bestimmt nicht. Daß alle drei Folgen der Trilogie mit Pannen gespickt sind, fällt nur dem aufmerksamen Zuschauer auf, und auch nur dann, wenn er ein Videogerät zum Zurückspulen und fürs Standbild besitzt.

Im ersten Teil der Trilogie gibt es zunächst einmal ein offensichtliches Zeitproblem. Wie die beiden anderen Teile spielt *Jäger des verlorenen Schatzes* (USA, 1980) in der Mitte der dreißiger Jahre. Zu Beginn des Films wird die Route, die Indiana Jones im Flugzeug zurücklegt, auf einer Landkarte dargestellt. Wie wir lesen können, fliegt er zunächst über Thailand. Dumm nur, daß Thailand bis zum Jahr 1939 Siam hieß.

Der Film hat aber auch die guten alten Anschlußfehler zu bieten. Zu Beginn des Films trägt Darstellerin Karen Allen ein Bronzemedaillon um den Hals. Während einer Szene nimmt sie das Medaillon in die Hand und spielt damit herum. Dabei hängt die Kette weiter um ihren Hals. Gleich darauf jedoch schlingt sie sich dekorativ um Karen Allens Hände. Wenig später sieht man Harison Ford auf etwas eigenwillige Weise transpirieren. Er versucht Karen Allen zu retten, die gerade in einem großen Korb entführt worden ist. Auf seinem Hemdrücken hat sich ein großer Schweißfleck gebildet. Der aber verändert immer wieder seine Form und seine Größe. Kurz darauf befinden sich die beiden in einem Zelt, und Ford entschließt sich, der gefesselten Karen Allen den Knebel, von dem er sie gerade befreite, doch wieder über den Mund zu binden. In einer

Seitenansicht kann man sehen, wie eine Haarsträhne über Allens linker Wange unter den Knebel gerät. In der darauffolgenden Frontalansicht ist diese hübsche Strähne leider verschwunden. Nach den Strapazen der letzten Stunden sitzt Karen Allen endlich im Cockpit eines Flugzeugs. Als der mitfliegende Nazi-Bösewicht nach einem Kampf in den Propeller gerät, werden die Frontscheiben des Flugzeugs über und über mit Blut bespritzt. Aber auch Zartbesaitete können bald wieder auf die Leinwand sehen. Wenig später nämlich, als Harrison Ford seine Freundin aus dem Cockpit holt, sind die Scheiben schon wieder blitzblank.

In der Fortsetzung *Indiana Jones und der Tempel des Todes* (USA, 1983) geraten gleich zu Beginn zwei unschuldige Verkehrsteilnehmer in einer Rikscha unvermutet in eine Autoverfolgungsjagd. Es handelt sich um ein Mädchen und einen Seemann. Im Laufe des turbulenten Geschehens wechseln die Sitzplätze der beiden in der Rikscha mehrmals. Mal sitzt sie links und er rechts, dann wieder er links und sie rechts. Zum finalen Showdown befinden sich Harrison Ford, Kate Capshaw und eine Bande von Gangstern auf einer Hängebrücke. Kate Capshaw ist leichtsinnigerweise barfuß. Nachdem Ford mit einem Schwerthieb die Brücke zerstört hat und mit seiner Filmpartnerin an einem Teil der Brücke über dem Abgrund hängt, trägt jetzt auch die Capshaw wieder Schuhe.

Der letzte Teil der Trilogie *Indiana Jones und der letzte Kreuzzug* (USA, 1988) beginnt mit einer blutigen Lippe. Harrison Fords Unterlippe blutet auf der rechten Seite, und trotzdem läuft das Blut einige Einstellungen später auf

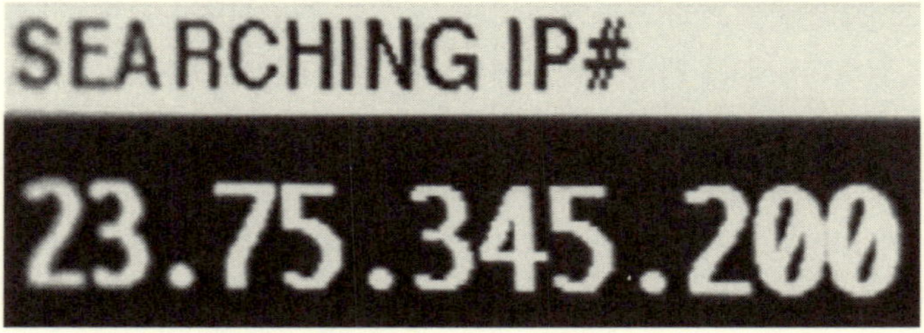

Internet Mission Impossible.com: Mit Leerzeichen funktioniert keine E-Mail-Adresse, auch nicht, wenn es sich bei dem Absender um Tom Cruise handelt.
In: *Mission: Impossible*

Internet Die unmögliche IP-Adresse: Die Kennziffer darf eigentlich nicht größer als 255 sein.
In: *Das Netz*

der linken Seite von Harrison Fords Kinn herunter. Später dann bekommt Ford Post: Ein Päckchen und zwei Briefe. Dabei handelt es sich bei den Briefen um solche mit Fenster, und die wurden in den dreißiger Jahren noch gar nicht verwendet. Was geschieht nicht noch alles an Ungereimtheiten!
In Venedig klettert Harrison Ford völlig durchnäßt aus einem Kanalisationsausgang, doch nur Sekunden später ist seine Kleidung wieder trocken. Sean Connery, der den Rivalen (und Vater!) von Indiana Jones spielt, zeigt uns die Kunst des unbemerkten Bartstutzens. Nachdem ein Panzer die Klippen hinuntergestürzt ist, wird sein Bart nämlich in einer Zeitspanne von wenigen Sekunden um ein ganzes Stück kürzer. Später werden Harrison Ford und Sean Connery von den Nazis aneinandergefesselt. Connery versucht, mit einem Feuerzeug den Fesselstrick zum Brennen zu bringen. Unglücklicherweise läßt er das Feuerzeug fallen und setzt so den Teppich in Brand. In dieser dramatischen Szene sieht man das Feuerzeug zweimal auf dem Boden liegen. Nur: Beim zweiten Mal befindet es sich an einer ganz anderen Stelle als zuvor.

Internet Obwohl das Internet inzwischen nicht mehr aus dem Alltag wegzudenken ist, wird es im Kino noch stiefmütterlich behandelt. Die Filme zu diesem Thema kann man an einer Hand abzählen, und so finden sich auch nur zwei Pannen.
In *Mission: Impossible* (USA, 1996) kommuniziert Tom Cruise mit einer bis dahin unbekannten Person, deren E-Mail-Adresse Leerzeichen enthält. Solch eine Adresse ist, wie jederman weiß, nicht funktionsfähig.

Im Computerthriller *Das Netz* (USA, 1995) sitzt Hauptdarstellerin Sandra Bullock am PC und surft im Internet. Dabei stößt sie auf eine IP-Adresse, die es nicht geben kann. Keine Zahl innerhalb einer IP-Adresse darf nämlich größer sein als 255. Die Zahl in Bullocks Adresse allerdings lautet 23.75.345.200. Da wollten die Filmemacher den Laien mal wieder beeindrucken, indem sie den Computer mit möglichst hohen Zahlen in Zusammenhang brachten.

Jacke Vergleichbar mit der → Hose. Auch dieses unauffällige Kleidungsstück ist dazu verdammt, von vielen Kinozuschauern ignoriert zu werden. Gemein. Wenigstens ein paar Pannen gibt es, in denen die eine oder andere Jacke ihre Hauptrolle hat.

In *Ist sie nicht wunderbar?* (USA, 1986) sitzt die junge Maddie Corman mit Freundinnen im Café eines Shopping-Centers. Dabei trägt sie eine braune Jacke. Als sie aufsteht und sich verabschiedet, ist die Jacke wie vom Erdboden verschluckt. Erst als sie endgültig davongeht, kann man aufatmen: Die Jacke ist wieder da.

Im jüngsten Robin Hood-Film *Robin Hood – König der Diebe* (USA, 1991) ist es des zeitlichen Umfelds wegen keine Jacke, sondern eine Art Umhang. Als »Robin Hood« Kevin Costner nach England zurückkehrt, muß er sich erst einmal ausruhen. Er liegt rücklings im Sand von Englands Küste und wird gelegentlich dekorativ von seinem Umhang bedeckt. Aber eben nur gelegentlich, denn dieses Stück Stoff verschwindet schon mal aus unerfindlichen Gründen.

Jones, Tommy Lee Dieser amerikanische Schauspieler hat mit zwei Bürden zu kämpfen: Erstens wird er ständig mit dem Rockmusiker Tommy Lee verwechselt, bekanntlich der Ehemann von Pamela Anderson, zweitens ist er in Filmpannen verwickelt, die so langweilig sind, daß sie nur deshalb, ihrer herausragenden Schlichtheit wegen, hier aufgeführt werden.
In *Das Kartenhaus* sitzt Jones der Darstellerin Asha Menina in einem Therapieraum gegenüber. Er hält einen Bauklotz in der rechten Hand, aber als Jones einmal mit dem Rücken zur Kamera gezeigt wird, kann man entdecken, daß diese rechte Hand nun flach auf dem Tisch liegt. Wieder von vorn gesehen, ist Jones aber ganz der Alte mit dem Bauklotz in der Hand.
In *Der Klient* (USA, 1994) trägt Tommy Lee Jones die unvermeidliche Baseballkappe verkehrt herum. Ohne daß er die Kappe berührt hat, sitzt sie plötzlich in einer anderen Position auf dem Kopf. Und das Verbindungskabel seines Kopfhörers hängt in *Volcano* (USA, 1997) mal über dem dazugehörigen Kopfhörergestell, mal darunter. Offensichtlich hatte Jones den Kopfhörer während des Drehens noch einmal vom Kopf genommen, wobei dann niemand mehr auf das Kabel achtete.

Jurassic Park Wer *Jurassic Park* (USA, 1993) in einem der modernen Dolby-Surround-Kinos gesehen hat, wird sich noch an das mulmige Gefühl erinnern, das einen im Kinosessel befiel: Der erste Saurier des Films ist im Anmarsch. Noch ist er hinter Bäumen versteckt, doch jeder seiner donnernden Schritte auf der Leinwand wird von einem spürbaren Beben in der Magengrube begleitet.

Jurassic Park Richard Attenbouroghs wandlungsfähiges Geschirrtuch: erst klein und weiß, dann groß und bunt.

Es scheint sich sogar auf dem Fußboden fortzusetzen. Für einen Augenblick sind Film und Realität auf unbegreifliche Weise verschmolzen. Von der Handlung her eher schwach, war Steven Spielbergs Film unter diesem Aspekt gesehen äußerst spannend. Der Eintrittspreis hat sich deswegen gelohnt, auch wenn die nachfolgenden Special Effects zwar perfekt, aber längst nicht mehr so dramatisch waren. Wer in *Jurassic Park* aber genau hinsieht, wird ein ganz anderes Vergnügen kennenlernen: Da trocknet Richard Attenborough als fanatischer Dinosaurierforscher in einem Wohnwagen ein Glas ab. Er benutzt dazu ein kleines, weißes Tuch. In einer der nächsten Einstellungen ist daraus ein buntes Geschirrtuch geworden.

Ein Hubschrauber landet auf der Dinosaurier-Insel. Je nach Einstellungsperspektive steht der Hubschrauber an verschiedenen Stellen auf dem Landeplatz, was anhand der aufgemalten gelben Markierungen deutlich zu erkennen ist. Überdies kann man in der Totalen erkennen, daß neben dem Landeplatz bereits zwei Jeeps auf die wagemutigen Ankömmlinge aus dem Hubschrauber warten. Trotzdem fahren ein paar Minuten später diese Jeeps erneut vor.

Kurz vor dem Schlüpfen eines jungen Dinosauriers aus seinem Ei sieht man dieses in den liebevollen Armen eines Roboters liegen. Nur Sekunden später ist der Roboter nicht mehr zu sehen, und das Ei muß alleine vor sich hin brüten. Laura Dern als Wissenschaftlerin will einen kranken Saurier untersuchen und streckt den rechten Arm aus, um das Tier zu berühren. In der nächsten Einstellung streichelt sie dem kleinen Monster mit der linken Hand

über die Schnauze. Ein Tyrannosaurus Rex versucht, den Jeep auseinanderzunehmen, in dem zwei Kinder sitzen. Er drückt das Glasdach des Autos ein und bricht ein Stück davon ab. Kurze Zeit später kommt das Dach noch mal ins Bild, und es ist wieder heil.
Am Ende des Films gibt es auch einen echten Special Effects-Fehler, den man aber leider nur in Zeitlupe erkennen kann. Der wilde Tyrannosaurus Rex packt sich einen der nicht weniger gefährlichen Raptoren-Saurier, der zwischen den Zähnen des Tyrannosaurus für Sekundenbruchteile einfach verschwindet.
In der Fortsetzung *Vergessene Welt – Jurassic Park II* (USA, 1997) unterläuft dem Filmteam auch einer der unter Pannenkennern so begehrten »Dritte Person-Fehler«. Jeff Goldblum besucht Richard Attenborough in dessen Haus. Während einer Unterhaltung der beiden kommt ein Spiegel auf einer Kommode ins Bild. In diesem Spiegel sind deutlich die in Jeans gewandeten Beine einer Person zu sehen. Weder Goldblum noch Attenborough tragen jedoch Jeans.
Das Resümee: Schöne, altmodische Pannen in einem beinahe vollständig digitalisierten Filmwerk. Ist das nicht irgendwie beruhigend?

Kamera Kameras am Set schleichen sich gern unbemerkt in einen Film. Vorzugsweise tauchen sie genau dann auf der Leinwand auf, wenn das Kinopublikum wie gebannt in den Sesseln sitzt und den Atem anhält. Die vergessene Kamera ist wie das → Mikrofon ein Klassiker unter den Filmpannen und unter Regisseuren besonders gefürchtet. Nichts kann die mühsam aufgebaute Illusion von

Wirklichkeit im Film so schnell in sich selbst zusammenfallen lassen wie der Anblick einer Kamera, mit der die Illusion technisch erst möglich gemacht wurde.

In älteren Kopien des Truckerfilms *Convoy* (USA, 1978) konnte der Zuschauer schon mal eine Kamera entdecken, die auf dem Dach eines Trucks montiert war. Aber mittlerweile haben auch die Verantwortlichen diesen Fehler entdeckt und die Einstellung mit der Kamera entfernt. Schade eigentlich.

Im Militärfilm *Ein Offizier und Gentleman* (USA, 1982) tritt Richard Gere als neuer Rekrut vor seinen »Schleifer« Luis Gossett jr. Die militärische Atmosphäre wird aufgebrochen, denn zu Gossetts Füßen sind deutlich die Schienen für einen Kamerawagen zu erkennen.

Auffallend auch, daß Filmkameras häufig in zum Interieur gehörenden Spiegeln zu entdecken sind wie etwa in der wunderbaren Gangsterkomödie *Ein Fisch namens Wanda* (GB, 1987). Als Hauptdarstellerin Jamie Lee Curtis (s. a. → Halloween) das Büro des Anwalts John Cleese verläßt, erkennt man in dem Spiegel hinter Cleese deutlich die Filmkamera, die diese Szene aufnimmt.

Vergleichbares geschieht im Action-Film *Sudden Death* (USA, 1995). Jean Claude van Damme, die belgische Version von Arnold Schwarzenegger, ist hier in eine Schießerei in einem Fitneß-Studio verwickelt. In einer verspiegelten Wand hinter den Hanteln sieht man frech die Kamera hervorblitzen (s. a. → De Niro, Robert).

Interessant ist auch die sogenannte Phantompanne aus dem Film *Gestohlene Herzen* (USA, 1996). Da läuft Polizist Yaphet Kotto mit Blick in die Kamera einen Gang entlang. Wie von Geisterhand bewegen sich plötzlich die Äste einer Grünpflanze. Offensichtlich streifte der rückwärts gehende Kameramann diese Pflanze, und als die Äste zurückfederten, ist das mit ins Bild geraten.

Kassette Nicht immer kann explizit von einer Filmpanne ausgegangen werden, wenn sich in einem Film eine offensichtliche Ungereimtheit ergibt. In manchen Fällen könnte man das Geschehen auch als Unachtsamkeit der Filmfiguren interpretieren. Das aber ist Ermessenssache, denn deutliche Hinweise darauf sind in solchen Fällen nicht zu finden. Die Mißgeschicke in den folgenden Beispielen jedenfalls haben im weiteren Handlungsverlauf keine Funktion. Daß es sich bei dem corpus delicti jedesmal um eine Kassette handelt, auf die man etwas aufnehmen kann, ist reiner Zufall.

In dem Film *To die For* (USA, 1995) erzählt Hauptdarstellerin Nicole Kidman ihre eigene, außergewöhnliche Geschichte in eine von ihr selbst installierte Videokamera. Als sie am Ende des Films die Kassette aus der Kamera nimmt, kann man deutlich erkennen, daß das Band zurückgespult ist. Da Kidman das nicht getan hat, bleibt als Erklärung nur: Die Videokamera nahm erst gar nicht auf. Damit allerdings wäre die Geschichte des Films ad absurdum geführt. Also doch eine Panne?

In dem Justizthriller *Aus Mangel an Beweisen* (USA, 1989) werden Filmheld Harrison Ford und seine Partnerin Bonnie Bedelia beim Verlassen eines Gerichtssaals von Reportern umzingelt. Einer der Berichterstatter hält den beiden auf der Jagd nach Informationen ein Diktiergerät entgegegen. Bei einem Blick auf das Gerät sieht man

allerdings deutlich, daß es keine Kassette enthält. Wer war hier der Übeltäter? Der Reporter im Film oder doch wieder einer aus dem Team um die Continuity?

Kekse Kekse sind zum Essen da. Man reißt die Verpackung auf, zieht die Schale mit den Keksen ein wenig heraus und stellt sie auf den Tisch. Dann ißt man einen Keks nach dem anderen, bis die Schale leer ist. Es ist ganz einfach.
Nicht so in *Eyes Wide Shut* von Stanley Kubrick (USA/GB 1999). Da wartet Hauptdarstellerin Nicole Kidman auf einen Anruf ihres Mannes, gespielt von Tom Cruise. Vor ihr steht eine Schachtel mit Keksen. Sie ißt einen. Wirft man jetzt einen Blick auf die Schachtel, wird man fünf Kekse zählen können. Als Tom Cruise wenig später anruft, sind es plötzlich sechs. Dann kommt die Keksschachtel noch mal ins Bild, aber der Spuk ist vorbei, es sind wieder fünf Kekse. Selbst bei einer so simplen Angelegenheit wie dem Naschen scheinen also beim Film die Gesetze der Mathematik außer Kraft treten zu können.

Kerze Heutzutage kann man kein Restaurant besuchen, ohne daß ein freundlicher Kellner die obligatorische Kerze auf dem Tisch anzündet. Und das keine zwei Minuten, nachdem man sich gesetzt hat. Selbst in einfachen Kneipen stehen bröckelnde Stearinstumpen auf den Tischen, und die Bedienungen kramen die eigenen Feuerzeuge aus der Hosentasche, um sie anzuzünden. Warum nur glaubt man in der Gastronomie, es schaffe eine stimmungsvolle, sogar romantische Atmosphäre, wenn im Durcheinander

zwischen Tellern und Gläsern eine Kerze flackert? Vielleicht kommt dieser schreckliche Irrtum vom Film. Da nämlich werden an den Restauranttischen pausenlos die Dochte entflammt, vorzugsweise, wenn sich Mann und Frau gegenübersitzen.
Da tut es gut, wenn in Robert Altmans *The Player* (USA, 1992) die Kerzen auf erfrischende Weise anders brennen. In einer Szene dieser großartigen Satire auf Hollywoods Filmbetrieb wird der Abendtisch für Hauptdarsteller Tim Robbins und seine Filmpartnerin Greta Scacchi gerichtet. Selbstverständlich werden dabei Kerzen angezündet. Diese allerdings brennen ein wenig zu schnell, nämlich innerhalb weniger Minuten herunter.
Auch in *Romeo is bleeding* (USA/GB, 1993) spielen die Kerzen verrückt: Gary Oldman als korrupter Polizist sitzt mit seiner Filmfrau Anabella Sciora in der Küche beim Abendessen. Die Kerze auf dem Tisch zündet Sciora gleich zweimal hintereinander an. Dann brennt die Kerze vor sich hin. Zwischendurch allerdings ist sie auch kurz wieder aus. Und das soll romantisch sein? (s. a. → Star Trek)

King, Stephen Mit seinen Gruselromanen verdient er Millionen – was dürfte es ihn da kümmern, wenn sie von manchen Leuten als Schundliteratur bezeichnet werden? Durch die Verfilmung seiner Bücher kommt ein weiterer Batzen Geld dazu. Stephen King ist aus dem Schneider. Eigentlich könnte er jetzt aufhören zu schreiben. Als Abschiedswerk stellen wir uns einen Roman über verrückt gewordene Filmteufelchen vor, die als Clowns verkleidet wahlweise aus der Kamera/aus dem Mikrofon hüpfen und die Romanverfilmungen eines berühmten

Autors gräßlich verstümmeln. Ein paar seiner eigenen Verfilmungen könnte er dabei als Vorlage benutzen.

Schlafwandler (USA, 1992) wäre zum Beispiel ein Anfang. Da wird einem vampirähnlichen Wesen, dargestellt von Brian Krause, ein Loch in den Rücken geschossen. Dem Dracula-Epigonen kann dieser Übergriff nichts anhaben. Trotzdem hätte zumindest das Einschußloch in seinem Pullover nicht schon nach ein paar Sekunden verschwunden sein dürfen, wie man aber in dieser Einstellung feststellen muß.

In Stanley Kubricks Verfilmung *Shining* (USA, 1980) sitzt Jack Nicholson als psychisch labiler Schriftsteller vor seiner Schreibmaschine, als seine Frau, gespielt von Shelley Duvall, hereinkommt. Daß der Stuhl im Hintergrund dabei plötzlich verschwindet, ist allerdings nicht der verschobenen Wahrnehmung des Schriftstellers zuzurechnen. Vielmehr war es die Wahrnehmung des Script Supervisors, die hier nicht funktionierte.

Zu Beginn von *Die Verurteilten* (USA, 1994) trainiert Morgan Freeman auf dem Gefängnishof Baseball. Während er sich mit seinem Kumpan Tim Robbins unterhält, übt er sich im Ballwechsel mit einem Mithäftling. Die Sequenz ist wohl aus verschiedenen Einstellungen zusammengesetzt, denn nur so kann es passieren, daß Morgan Freeman den Ball zweimal hintereinander fängt, ohne ihn dazwischen zurückzuwerfen (s. a. → Baseball). Über den gesamten Film übrigens wird an Häftling Tim Robbins keinerlei Alterungsprozeß sichtbar. Das verwundert, bringt er in der Geschichte doch gut zwanzig Jahre im Gefängnis zu.

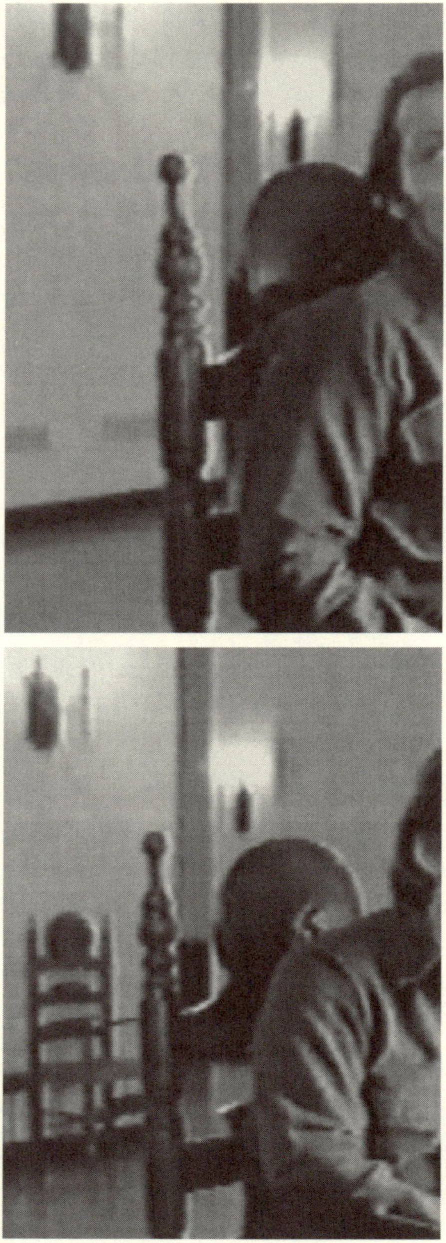

King, Stephan Wie sich zu Jack Nicholson auf geheimnisvolle Weise ein Stuhl gesellt. In: *Shining*

Im Showdown von *Misery* (USA, 1990) schlägt der gefangengehaltene Schriftsteller James Caan seiner Peinigerin Kathy Bates eine Schreibmaschine über den Kopf. Kathy Bates fällt zu Boden, die Schreibmaschine ebenfalls. Sie bleibt umgedreht liegen, so daß man nur ihren Boden zu sehen bekommt. Das Filmteam scheint sich später anders entschieden zu haben. Die Schreibmaschine steht einige Sekunden danach nämlich ordentlich neben Kathy Bates Kopf auf dem Boden.
In Verwirrung scheint der Filmfreund von Jennifer Jason Leigh, Eric Bogosian, hinsichtlich seiner Manschettenknöpfe geraten zu sein. In *Dolores* (USA, 1995) sieht man ihn während eines Telefonates mit Leigh besagte Manschettenknöpfe am Ärmel zuknöpfen. Diese, weil einhändig ausgeführte, nicht ganz einfache Arbeit erweist sich als vergebliche Mühe: Am Ende des Gesprächs sind die Knöpfe wieder offen.

Kleidung Bereits in → Hose und → Jacke ist dargestellt, wie unkonzentriert das Filmteam ist, wenn es um die Kleidung der Schauspieler geht. Diese selbst sind möglicherweise auch nicht ganz unschuldig: Aufgrund einer gewissen Eitelkeit führen manche ihre umfangreiche Garderobe gern dem Kinopublikum vor. Man hörte schon von Filmstars, die sich während eines Drehtages bis zu dreißigmal umzogen, und zwar nicht etwa, weil das Drehbuch es verlangte.
Ob Genn Close eine solche Kandidatin ist? Ihr Kostüm, das sie als Anwältin während einer Gerichtsverhandlung in *Das Messer* (USA, 1985) trägt, ist bei Beginn des ersten Verhandlungstages grau. Wenige Zeugenaussagen

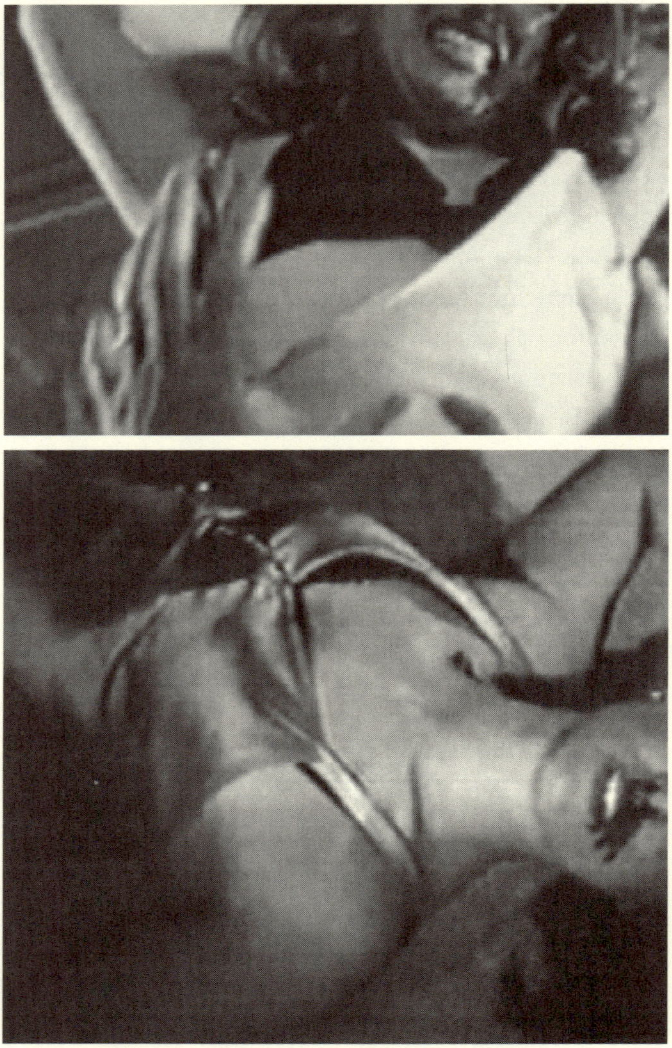

Kleidung Melora Hardin will selbst als Leiche noch glänzen: Das eben zerrissene Satinkleid ist plötzlich wieder ganz. In: *Absolute Power*

später ist es schwarz. Das wäre ja noch zu verkraften. Dann wird es aber braun und am Ende des Tages sogar noch mal schwarz. Da wird es einem doch zu bunt.

In einer Kampfszene des Films *Absolute Power* (USA, 1997) zerreißt Gene Hackman das Kleid von Darstellerin Melora Hardin. Die will selbst als Leiche noch gut aussehen. Das liegt vielleicht an Clint Eastwood. Unmittelbar darauf nämlich wird Hardin erschossen, und Eastwood beugt sich über sie. Das Kleid ist jetzt wieder völlig in Ordnung.

Für einen Abend im Spielcasino zieht man sich chic an. Daß man sich aber wie Elizabeth Shue in *Leaving Las Vegas* (USA/F, 1995) im Casino noch mal umzieht, ist eher ungewöhnlich. Die Darstellerin trägt ein schwarzes Oberteil, als sie durch ein Spielcasino schlendert. Wie sie es allerdings schafft, sich zwischen den Spieltischen umzuziehen, weiß niemand. Als sie das Casino verläßt, ist aus dem schwarzen ein rotes Oberteil geworden.

Auch Jodie Foster zeichnet sich im Film *Contact* (USA, 1997) durch sonderbare Eigenheiten bei der Bekleidung aus. Sie steigt nackt aus dem Bett von Filmpartner Matthew McConaughey und zieht sich sogleich ein grünes T-Shirt an. Schon in der nächsten Einstellung sieht man einen BH unter diesem T-Shirt. Wie allerdings sollte der dorthin gekommen sein?

Der rechte Träger des BHs von Franka Potente in *Lola rennt* (D, 1998) ist wohl vor Schreck über die Schulter gerutscht, nachdem ihr Freund Moritz Bleibtreu von einem Krankenwagen überfahren worden ist. Potente beherrscht jedoch die Kunst des dezenten Träger-Hoch-

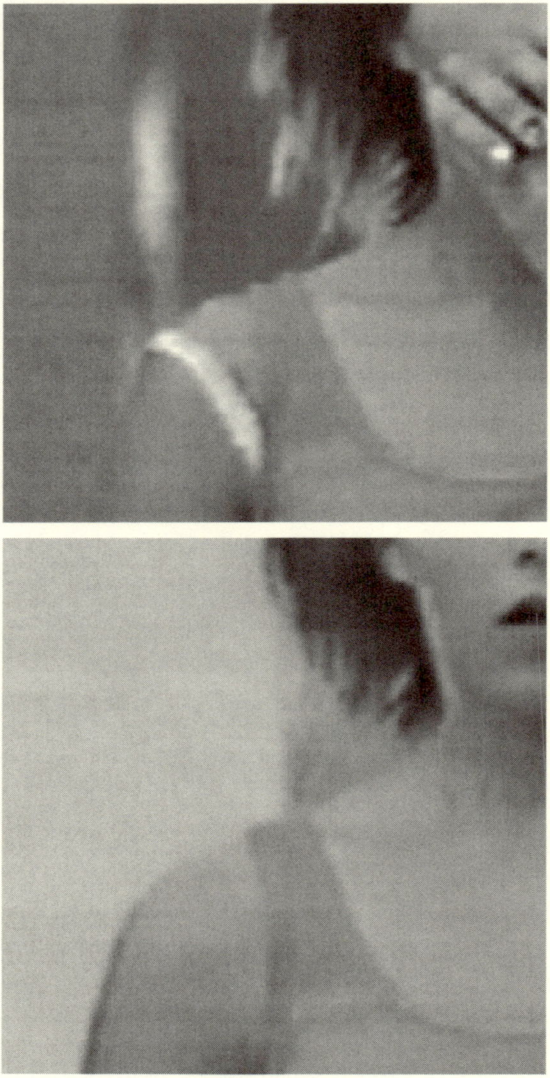

Kleidung Lolas Hemd in *Lola rennt:* der Träger des BHs hat sich von selbst wieder zurechtgerückt.

schiebens: Ohne daß sie sich bewegt hat, ist der Träger sogleich wieder ordentlich unter ihrem ärmellosen Hemd verschwunden.

Kopfbedeckung Mützen, Hüte, Palästinensertücher ... Die Zahl der Kopfbedeckungen in der Welt ist schier unendlich. In dieser Kategorie schlägt der Fehlerteufel in besonderem Maße zu. Kopfbedeckungen wechseln im Kino in Sekundenschnelle Farbe oder Form, oder sie verschwinden sogar ganz, um gleich darauf doch wieder auf dem Kopf des Schauspielers zu sitzen.
So wie in der Polizistenklamotte *Beverly Hills Cop II* (USA, 1987). Da reißt sich ein Bauarbeiter seine Kappe vom Kopf, während er mit »Cop« Eddie Murphy spricht. In der folgenden Naheinstellung sitzt die Kappe aber nichtsdestotrotz an ihrem angestammten Platz.
Klaus Maria Brandauer spielt in *Jenseits von Afrika* (USA, 1985) den trinkenden Ehemann von »Tanja Blixen« Meryl Streep. Der Hut, den er während einer Jagd trägt, hat ein eigenwilliges Hutband: Es wechselt nämlich mehrmals die Farbe von grün zu schwarz und wieder zurück.
Während einer kleinen Feier in *Bram Stoker's Dracula* (s. a. → Blut) unterhält sich Darsteller Bruce Campbell mit einem Mann, der auf einem Sofa sitzt. Während der gesamten Unterhaltung trägt Campbell seinen Hut in der Hand. Dessen ungeachtet steht der Mann auf dem Sofa in der nächsten Einstellung auf, nimmt einen zerknautschten Hut von seinem Platz und entschuldigt sich bei Campbell, daß er auf dessen Hut saß.
Clarence Gilyard fliegt in *Top Gun – Sie fürchten weder Tod noch Teufel* (USA, 1985) ein Flugzeug. Dabei trägt er

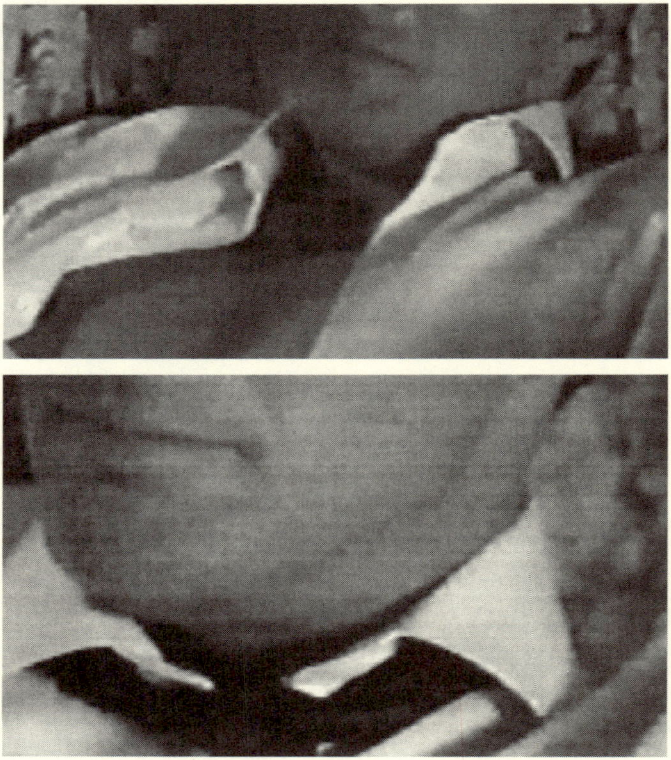

Krawatte Die hartnäckige Krawatte von Richard Gere: Eigentlich wurde er seiner Krawatte bereits entledigt. In: *Pretty Woman*

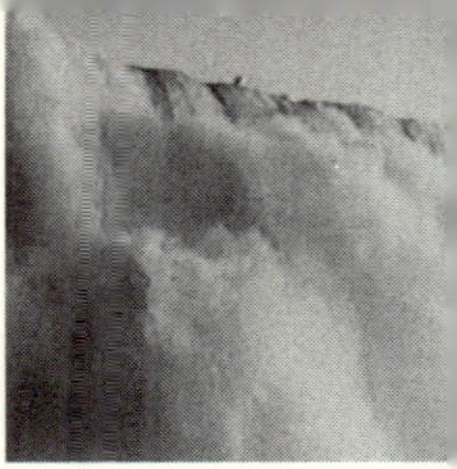

einen Helm, auf dem die Aufschrift »Sundown« prangt. Vielleicht war das nur ein Aufkleber aus einer Packung Cornflakes, die sich der Pilot in einem Anfall kindlicher Albernheit auf den Helm geklebt hat und dann doch als unpassend empfand. Nach der Landung jedenfalls unterhält er sich mit Tom Cruise auf dem Flugfeld, und die Aufschrift auf seinem Helm ist verschwunden.

Mit den Bindetechniken eines mittelalterlichen Kopftuches muß sich Sophie Marceau erst noch vertraut machen. Im historischen Epos *Braveheart* (USA, 1994) spielt sie die weibliche Hauptrolle und trägt bisweilen ein Kopftuch, das mit einem Schleier unter dem Kinn verbunden ist. Während einer Unterhaltung mit »Braveheart« Mel Gibson verdeckt dieser Schleier mehrmals Sophie Marceaus Kinn und ist anschließend wieder ordnungsgemäß darunter gebunden.

Einen Turban trägt Schauspieler Om Puri im Film *Der Geist der Dunkelheit*. Während seiner Unterhaltung mit Hauptdarsteller Val Kilmer rutscht diese exotische Kopfbedeckung immer wieder über Om Puris Ohr – selbstverständlich von diesem unbemerkt.

Krawatte Für manchen Mann unentbehrlich, bietet die Krawatte seit jeher Anlaß zu ästhetisch-stilkritischen Streitereien. Es geht nicht nur um die Existenzberechtigung der Krawatte an sich, sondern auch und vor allem um Farbe, Form und Musterung. Einigen Script Supervisors scheint die Krawatte eher ein Dorn im Auge zu sein. Sie lassen dieses Accessoire immer mal wieder mir nichts, dir nichts verschwinden. So geschehen zum Beispiel in dem

Lama Gruppenbild mit Lama: In der Totalen ist das Tier sang- und klanglos verschwunden.
In: *Die Blechtrommel*

Gerichtsthriller *Eine Frage der Ehre* (USA, 1992). Da muß Bösewicht Jack Nicholson am Ende den Gerichtssaal ohne die Krawatte verlassen, die er wenige Minuten zuvor noch getragen hatte.
Genau andersherum verhält es sich in *Pretty Woman* (USA, 1989). In dem Kassenschlager um einen Millionär und eine Prostituierte, die bald auch ohne Bezahlung zueinander finden, kommt es zu einer für Hauptdarsteller Richard Gere verwirrenden Situation: Er wird von *Pretty Woman* Julia Roberts entkleidet. Zuerst nimmt sie ihm die Krawatte ab, dann knöpft sie sein Hemd auf. Dann folgt eine Nahaufnahme. Da trägt Gere die Krawatte wieder (→ Schuhe).

Lama Es sind hauptsächlich amerikanische Spielfilme, in denen Fehler bei den Anschlußszenen oder in der Ausstattung auftauchen. Daß man in deutschen Filmen weniger Pannen findet, weil Ordnungsliebe und Gründlichkeit angeblich die Haupttugenden der Deutschen sind, ist natürlich eine gewagte Behauptung. Vielleicht sieht man bei uns einfach nicht so genau hin.
Ein paar Mißgeschicke passierten den Filmteams aber auch bei uns. Ausgerechnet ein so exotisches Tier wie das Lama ist in einem der Vorzeigestücke des deutschen Films in eine Panne verwickelt. Es handelt sich um Volker Schlöndorffs *Die Blechtrommel* (D, 1978). Nach einer Zirkusvorstellung stehen Hauptdarsteller Mario Adorf und sein blechtrommelnder Sohn David Bennent neben einem Lama, das an einen Zirkuswagen angebunden ist. Dieselbe Szene wird noch einmal in der Totalen gezeigt. Das Lama ist verschwunden. Warum die Filmcrew das

Tier nicht wieder ins Bild nahm, bleibt ein Rätsel. Ein Lama ist schließlich nicht so leicht zu übersehen. Die Szene wurde möglicherweise in einem richtigen Zirkus gedreht und die Totale zu einem anderen Zeitpunkt aufgenommen. Das Lama war da vielleicht bei der Fütterung. Es wurde schlicht und einfach vergessen.

Laterne Eine originelle Panne darf man in der Neuverfilmung des Westerns *Tombstone* (USA, 1993) erleben. Darsteller Powers Boothe läuft nachts betrunken durch die gleichnamige Western-Stadt und schießt mit seiner Pistole wild um sich. Plötzlich besinnt er sich und feuert einen gezielten Schuß auf eine Straßenlaterne ab. Zuerst sieht es aus, als habe Boothe die Laterne verfehlt, aber mit einiger Verzögerung geht sie dann doch zu Bruch. Die Kugel hat für ihren Flug wohl ein paar Sekunden gebraucht, oder aber der Experte für die Special Effects im Hintergrund hat zu spät auf sein Knöpfchen gedrückt.

Lethal Weapon Die Action-Episoden um Hauptdarsteller Mel Gibson sind wegen ihrer Special Effects eine gute Quelle, um Fehler entdecken zu können. In *Lethal Weapon IV* (USA, 1998) prallt das Auto von Mel Gibsons Polizeikollege Danny Glover während einer Verfolgungsjagd seitlich an einen anderen Wagen. Niemand wird sich wundern, daß der rechte Außenspiegel nach dem Aufprall fehlt. Daß sich dieser Spiegel in der nächsten Szene wieder am Wagen befindet, gibt dann aber doch Rätsel auf. Pikanterweise hatte Glover schon in *Brennpunkt L. A. – Lethal Weapon II* (USA, 1988) derartige Probleme mit seinem Wagen.

Dessen rechter vorderer Scheinwerfer wird in diesem Streifen ebenfalls bei einer Verfolgungsjagd demoliert und brennt nicht mehr. Im Laufe des Wagenrennens jedoch hat sich der Scheinwerfer wohl von selbst repariert, denn er leuchtet wieder und ist vollkommen intakt.

Bei Joe Pescis seltsamem Gipsverband in *Lethal Weapon III* (USA, 1992) übrigens handelt es sich nicht um eine Panne. Mit diesem Gipsverband am rechten Arm betritt Pesci sein Badezimmer, doch plötzlich ist der Gips vom rechten auf den linken Arm gewechselt. Erst als Pesci das Badezimmer erneut verläßt, trägt er den Gips wieder rechts. Was man allerdings in dieser Sequenz leicht übersieht, ist der Wandspiegel im Bad, vor dem Pesci stand und der für den Wechsel des Gipsverbandes von rechts nach links gesorgt hat.

Mikrofon Ebenfalls ein Klassiker unter den Filmpannen ist das plötzlich sichtbare Mikrofon. Zusammen mit der → Kamera nimmt es eine Sonderstellung unter den Pannen ein, da hier der Fehler nicht innerhalb der Dramaturgie des Films passiert, sondern Teile des Sets in die Filmwelt eindringen und die Illusion von Wirklichkeit zerstören.

Eine klassische Mikrofon-Szene gibt es im Psychothriller *Eiskalte Leidenschaft* (USA, 1991) mit Richard Gere und Kim Basinger in den Hauptrollen. Während eines Kusses der beiden im Büro verdirbt das Mikrofon über ihren Köpfen doch ein wenig die Leidenschaft. Auch hier sind es oft Spiegel, in denen man das corpus delicti entdecken kann. Dies geschieht beispielsweise in *Jacob's Ladder* –

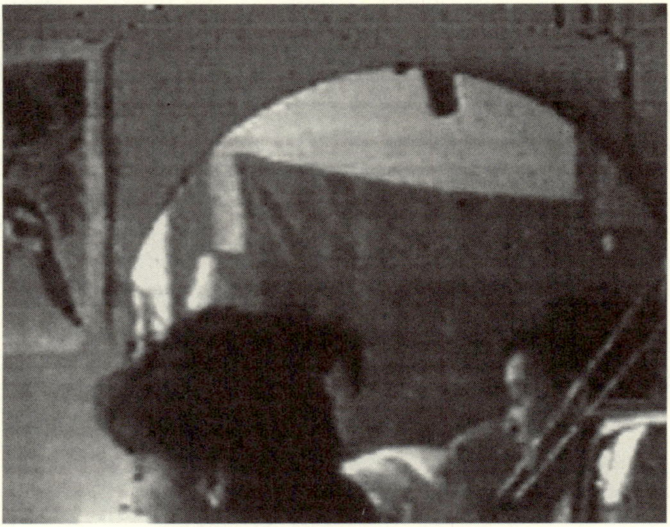

Mikrofon Im Spiegel deutlich sichtbar: Das Mikrofon des Tonmeisters.
In: *Jacobs Ladder*

In der Gewalt des Jenseits (USA, 1990). In einer Szene liegt Hauptdarsteller Tim Robbins im Bett und unterhält sich mit seiner Freundin Elizabeth Pena, die vor einer Spiegelkommode sitzt. Deutlich sichtbar: das Mikrofon.

Auch ihre eigenen Schatten verraten die Mikrofone. Auf der Flucht vor ein paar Banditen laufen Antonio Banderas und Salma Hayek in *Desperado* (USA, 1995) über ein Dach. Just in dem Moment, als sie es erreicht haben, wirft an der Hauswand hinter ihnen ein Mikrofon samt Galgen seinen Schatten.

Mikrofon und Galgen spielen im Krimiklassiker *Der Dritte Mann* (GB, 1949) eine Rolle. Als der Wagen von Hauptdarsteller Joseph Cotten in Wien um eine Ecke biegt, ist das Mikrofon gut sichtbar hart am Geschehen dran.

Selbst am Körper getragene Mikrofone sind keineswegs immer unauffällig. »Mr. Bean« Rowan Atkinson beweist das in seinem Blödelstreifen *Bean – Der ultimative Katastrophenfilm* (USA/GB, 1997) als ihm beim umständlichen Betrachten eines Bildes seine Jacke verrutscht und diese so den Blick auf das Körpermikrofon freigibt.

Moses Hollywoods Monumentalfilme sind eine gute Quelle, um Pannen zu finden. Kein Wunder. Bei so viel Personal müssen die Verantwortlichen in der Continuity von Zeit zu Zeit durcheinanderkommen. Der Spielfilm *Die Zehn Gebote* (USA, 1957) hat nicht nur Unstimmigkeiten vorzuweisen, wenn es um → Armbanduhren geht. Ausgerechnet in einer Schlüsselszene des Films findet sich ein anderes Mißgeschick.

Moses Charlton Hestons magischer Spazierstock: Bei Frontalansicht in seiner linken, bei Rückansicht in seiner rechten Hand zu sehen.
In: *Die Zehn Gebote*

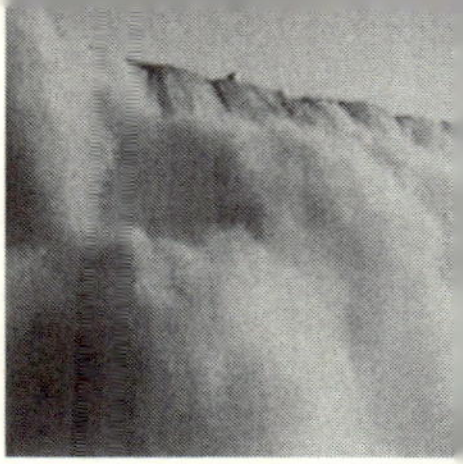

Die Hebräer stehen kurz vor dem Auszug aus Ägypten. Moses, gespielt von Charlton Heston, spricht zu seinen Landsleuten. Dabei hält er einen Stock in der linken Hand. Die Kamera wechselt die Perspektive, und man sieht in der darauffolgenden Einstellung Heston von hinten. Den Stock hält er jetzt in der rechten Hand. Bleibt natürlich zu fragen, weshalb Moses den Stock überhaupt braucht. Bedient er nicht eines der üblichen Klischees über die Figuren aus der Bibel? Gott hat einen weißen Bart, und Moses geht am Stock. Hätte der Regisseur gewagt, mit diesem Klischee zu brechen, wäre der Fehler erst gar nicht passiert (s. a. → Bauchnabel).

Namen Das kommt schon mal vor: In einem Film taucht derselbe Name mehrmals in unterschiedlicher Schreibweise auf. Wir reden hier nicht vom Abspann.
In dem Action-Streifen *Stirb Langsam* (USA, 1987) spielt Bruce Willis einen Polizisten, dessen Filmgattin, dargestellt von Bonnie Bedelia, unter ihrem Mädchennamen für einen Konzern arbeitet. Die Büroräume befinden sich in einem Hochhaus. Im Foyer findet sich ein elektronisches Navigationssystem, das den Besucher mittels Drucktasten den Weg zu den Mitarbeitern weist. Werden die Tasten gedrückt, leuchtet der Name auf. Der Mädchenname von Bruce Willis' Filmehefrau lautet »Gennero«, auf der leuchtenden Taste aber steht: »Gennaro«.
Eine andere Panne: Ein paar Einbrecher tarnen sich als Angestellte eines Handwerksbetriebs. Sie tragen Arbeitsanzüge und fahren einen Firmenwagen. Den haben sie sogar mit dem Namen ihres Betriebes beschriftet: »ALADDIN«. Diesen Schriftzug tragen sie auch auf dem

Rücken ihrer Overalls. Wer jetzt deutlich hinsieht und den Namen auf dem Overall mit dem Schriftzug auf dem Firmenwagen vergleicht, wird erkennen, daß mit den Einbrechern etwas nicht stimmt. Denn auf dem Rücken steht: »ALLADIN«. Was aussieht wie ein Stück aus einer Slapstick-Comedy über tolpatschige Einbrecher, ist in Wirklichkeit eine ernst gemeinte Szene in dem Film *Die Thomas Crown-Affäre* (USA, 1999). Schon vor ihrer ersten Aktion haben sich die Einbrecher verdächtig gemacht.

Naß Diese Rubrik könnte man auch »Durst« nennen. Ausgesprochenen Durst nämlich hat »Lawrence« Peter O'Toole in *Lawrence von Arabien* (USA, 1962). Nach einem Gewaltritt durch die Wüste erreicht er erschöpft das Lager seiner Nomadenfreunde. Umgehend bekommt er von deren Chef Omar Sharif einen Beutel mit Wasser gereicht. Der arme O'Toole trinkt so hastig, daß er die Hälfte des Wassers verschüttet. Etwas davon läuft über seinen rechten Oberarm. Kurz darauf macht er sich auf den Weg zu seiner Lagerstatt, und sein rechter Ärmel ist immer noch naß. Leider schafft O'Toole es nicht mehr bis dahin, und er fällt entkräftet zu Boden. Was auffällt: Kurz vor seinem Fall ist der rechte Ärmel wieder vollkommen trocken.

Keinen Durst, aber Lust auf ein heißes Bad könnte man beim Anblick von Shelley Long und Tom Hanks bekommen, die in *Geschenkt ist noch zu teuer* (USA, 1985) je einen Eimer Wasser in eine Badewanne schütten. Allerdings können wir ein Bad in dieser Wanne nicht empfehlen. Sie bricht nämlich trotz der relativ geringfügigen

Wassermenge durch den Boden und zerbirst ein Stockwerk tiefer. Von dem Wasser aus den zwei Eimern allerdings ist nichts mehr zu sehen.

Obst Ausgerechnet Bananen stößt Whoopie Goldberg in *Made in Amerika* (USA, 1993) mit ihrem Fuß von einer Obstschale, und zwar während eines heftigen Kusses mit Filmpartner Ted Danson. Nur wenige Sekunden später liegen diese Bananen wieder ordentlich in der Schale – obwohl Goldberg und Danson wahrlich mit anderen Dingen als dem Aufräumen beschäftigt sind.
In der erfrischenden Komödie *Doc Hollywood* (USA, 1991) macht Jungmediziner Michael J. Fox einen Hausbesuch und liest einer des Lesens und Schreibens unkundigen Familie einen Brief vor. Auf dem Tisch, an dem sie sitzen, ist nichts Leckeres zu sehen. Das würde eigentlich nicht weiter auffallen, wenn da nicht plötzlich nach einem Einstellungswechsel eine Schale mit Früchten stehen würde.

Ohrring Ein weiterer Klassiker unter den Filmpannen ist der Ohrring von Yul Brynner in *Der König und Ich* (USA, 1956). Den ganzen Film hindurch trägt Brynner diesen Schmuck an seinem linken Ohr. Man kann ihn nicht übersehen. Am Anfang aber gibt es diese Gesangseinlage. Brynner singt, und deutlich sind seine Ohren zu sehen. Diese phantastischen Ohren. Einmal werden sie sogar in Großaufnahme gezeigt. Aber etwas fehlt. Was? Der Ohrring natürlich! Und irgendwie sieht Brynner etwas nackt aus.

Pferd Das rot-weiße Verkehrshütchen liegt zu Füßen von Brad Pitts Pferd. In: *Legenden der Leidenschaft*

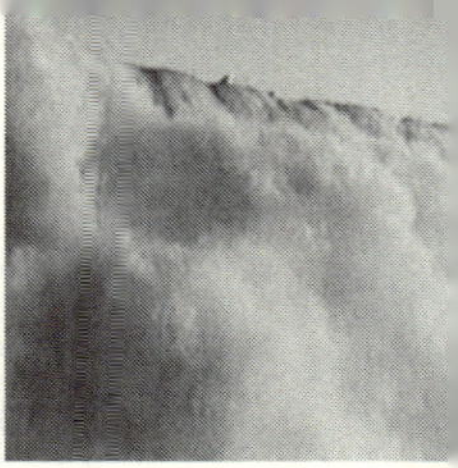

Ormond, Julia Die britsche Schauspielerin deckt im spannnenden Arktis-Thriller *Fräulein Smillas Gespür für Schnee* als eigensinnige Glaziologin Smilla im Packeis eine im wahrsten Sinn des Wortes unglaubliche Mordgeschichte auf. Während ihrer Schiffsreise in die Arktis muß sie manchmal auch körperliche Gewalt anwenden, um die Ermittlungen voranzutreiben. Dabei wird sie einmal selbst verletzt. Sie hat eine offene Wunde am Kinn, als sie heimlich ein Videoband betrachtet. Gleich darauf bringen Rachegefühle sie beinahe dazu, den schlafenden Richard Harris zu erstechen. Die Wunde aber ist da schon beinahe vollständig verheilt.

Pferd Pferde dürfen im Western nicht fehlen. Ohne sie kämen nämlich die schönsten Filmpannen nicht zustande. In *Wild Wild West* (USA, 1999) versucht Will Smith, die durchgegangenen Pferde vor einer Kutsche zum Stehen zu bringen. Er springt von der Kutsche und hangelt sich von Pferd zu Pferd, um an die vordersten Tiere zu kommen. Die schwierige Aufgabe meistert er beinahe problemlos: Die Pferde stehen still. Er selbst allerdings hängt am Zügel eines Pferdes direkt über einem Abgrund. Eigenartigerweise scheint auf diesem Pferd jemand zu sitzen, denn auf einem der Steigbügel ist kurz ein Fuß zu sehen. Offensichtlich war das ein Mitglied der Filmcrew, das für diese Stuntszene das Pferd ruhighalten sollte.
In *Legenden der Leidenschaft* (USA, 1994) reitet Hauptdarsteller Brad Pitt mit seinem Pferd über eine hügelige Landschaft. An einem bestimmten Punkt bleibt er kurz stehen und reitet dann in eine andere Richtung weiter. Beim Antritt des Pferdes wirbelt plötzlich ein rot-weißes

Polizeiwagen Das Blaulicht des amerikanischen Polizeiwagens ist trotz erheblicher Beschädigung wieder völlig intakt.
In: *Die üblichen Verdächtigen*

Verkehrshütchen durch die Luft. Es diente offensichtlich zur Markierung der Stelle, an der Brad Pitt sein Pferd anhalten sollte, und ein Huf des Pferdes hat es beim Wegreiten in die Luft geschleudert.

Polizeiwagen Wie die → Handschelle ist der Polizeiwagen ein unentbehrliches Accessoire einiger Filmgenres, besonders des Kriminal- und des Polizeifilms. Charakteristisch bei der amerikanischen Variante des Polizeiwagens ist der Ton des Martinshorns, der nach landläufiger Vorstellung die Geräuschkulisse von New York und Los Angeles dominiert.
In *Midnight Run – Fünf Tage bis Mitternacht* (USA, 1988) (s. a. → De Niro, Robert) schießt ein Gangster von einem Dach aus auf einen Polizisten. Er trifft statt diesem die Heckscheibe eines Polizeiautos, die daraufhin ein großes Loch bekommt. Polizisten gehen hinter dem Wagen in Deckung. Und schon sehen wir, wie der Schießwütige dasselbe Loch gleich noch einmal in die wieder intakte Heckscheibe schießt.
Der Polizeiwagen, in dem »Cop« Eddie Murphy mit seinen beiden Kollegen in der Actionkomödie *Beverly Hills Cop II* (USA, 1987) sitzt, fährt so rasant um eine Kurve, daß das Blaulicht vom Dach fällt, doch einige Sekunden später ist es dort schon wieder zu sehen.
Unstimmigkeiten mit dem Blaulicht gibt es auch im Film *Die üblichen Verdächtigen* (USA, 1995), wo nach einem großen Waffendiebstahl in New York gleich fünf berühmte Gangster festgenommen werden – vorsichtshalber. In der betreffenden Szene wird ein Polizeiwagen von der Gangsterbande gestoppt. Einer von ihnen klettert auf das Dach

des Wagens und übergießt ihn mit Benzin. Zu diesem Zweck stellt er sich auf das aufmontierte Blaulicht, was dadurch natürlich kaputtgeht. Kurz bevor der Gangster das Benzin entzündet, ist das Blaulicht aber wieder intakt.

Position Viele Filme scheint man nach dem Motto zu drehen: Wer stand wann mit wem wo, und warum? Daß man dadurch aus dem Konzept gerät, liegt auf der Hand. Einmal mehr ist es der Kriminalfilm *Die üblichen Verdächtigen* (s. a. → Polizeiwagen), der eine Unstimmigkeit vorzuweisen hat. Darsteller Kevin Pollack sitzt während einer Versammlung der fünf berühmtesten Gangster der Ostküste gelangweilt auf einer Treppe im Freien. In derselben Szene, aus der Totalen aufgenommen, sitzt er allerdings nicht, sondern steht. Aber auch das gelangweilt. Und darauf kommt es an.

In der Komödie *Die Drei Mädels von der Tankstelle* (D, 1996) werden die Hauptdarstellerinnen während eines Einbruchs von einem bewaffneten Mann im Rollstuhl überrascht. Kaum erklärbar ist, daß eine von ihnen plötzlich hinter dem Rollstuhlfahrer steht und ihn entwaffnet, wo sie sich doch nur Sekunden vorher bei ihren Freundinnen in der Schußlinie befand.

Rosebud Mit dem Wort »Rosebud« auf den Lippen des sterbenden Citizen Kane beginnt das Meisterwerk *Citizen Kane* von Regissseur und Hauptdarsteller Orson Welles (USA, 1941). Einige Figuren des Films suchen fortan nach der Bedeutung dieses Wortes. Allerdings stellt sich hier die Frage, ob überhaupt jemand Citizen Kanes gehauchtes »Rosebud« hören konnte. Als er stirbt, gibt es keinerlei

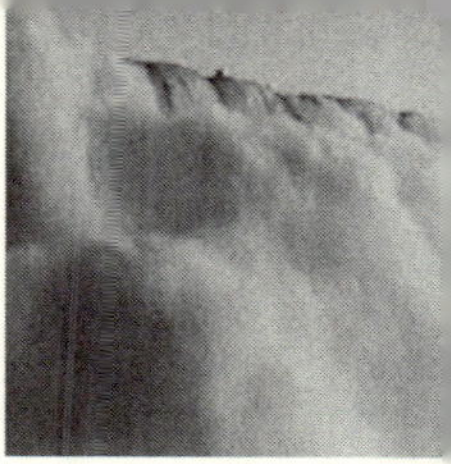

Anzeichen dafür, daß sich eine weitere Person im Raum befindet. Citizen Kane hält eine Schneekugel in den Händen, die im Augenblick seines Todes zu Boden fällt. Erst dann betritt eine Krankenschwester das Zimmer. Von einer Panne oder einem Fehler zu sprechen, wäre aber doch etwas gewagt. Man kann wohl davon ausgehen, daß Welles sein Handwerk verstand und schon gewußt hat, was er tat. Trotzdem bleibt der Fall mysteriös. Er wird die Filmforschung noch lange beschäftigen.

Ryan, Meg Als »Sally« in *Harry und Sally* (USA, 1989) dürfte sie noch jedermann in Erinnerung sein. Seit diesem Erfolgsfilm ist die Schauspielerin auf romantische Komödien abonniert und notgedrungen auch auf deren Pannen. Ob die so romantisch sind, sei dahingestellt.

In *Harry und Sally* (USA, 1989) soll Meg Ryan im Kreise ihrer Freunde bei einem »Zeichnen und Raten«-Spiel ein Baby aufs Papier kritzeln. Das Baby, das sie auf den Zeichenblock malt, sieht allerdings während dreier verschiedener Einstellungen jedesmal anders aus.

Schlaflos in Seattle (USA, 1993) beispielsweise wurde als Nachfolgefilm von *Harry und Sally* gehandelt. In einer Sequenz sitzt Meg Ryan auf dem Sofa und sieht fern. Der Becher mit Popcorn darf da natürlich nicht fehlen. Sie greift mit der linken Hand hinein, führt gleich darauf aber die rechte Hand voller Popcorn zum Mund.

In *French Kiss* (USA, 1995) telefoniert Meg Ryan mit ihrem Freund, der nach Frankreich gereist ist und sich dort tragischerweise in eine Französin verliebt hat. Als wenn das nicht schon schlimm genug wäre, hat auch noch

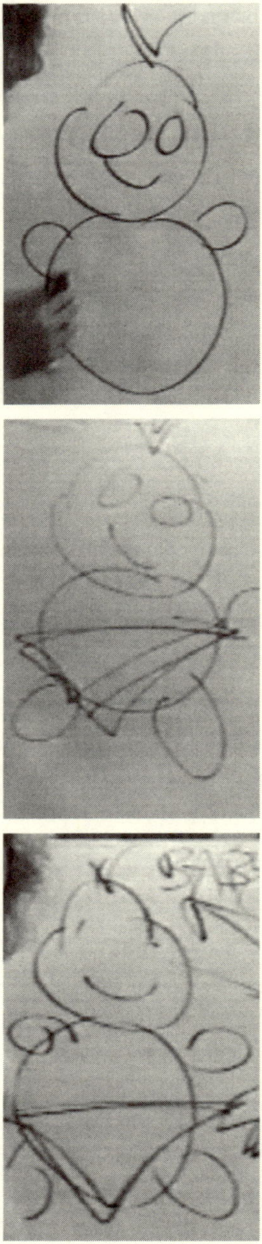

Ryan, Meg Das Baby, das Meg Ryan beim »Zeichnen und Raten«-Spiel zu Papier bringt, scheint wie ein richtiges Baby unterschiedliche Entwicklungsstadien zu durchlaufen.
In: *Harry und Sally*

das Telefon eine Macke: Sein Kabel nämlich ist zuerst lang, so daß man bequem mit dem Telefon durch die Wohnung laufen kann, dann aber wird es sehr kurz. Von Herumlaufen während des Telefonierens kann keine Rede mehr sein. Allerdings ändern sich die Verhältnisse wieder, und zum Schluß des Telefonats ist das Kabel wieder lang und komfortabel.
In *Stadt der Engel* (USA, 1998) trägt Meg Ryan beim Zubettgehen ein Nachthemd mit breiten Trägern. Als sie nachts aufwacht, haben sich die Träger aber auf Spaghettibreite verschmälert.

Schach In beinahe allen Filmen, in denen Schach gespielt wird, kann ein versierter Spieler bei genauem Hinsehen das Geschehen auf dem Brett als grandiosen Unsinn entlarven.
Zu Beginn von *Independence Day* beispielsweise sind die Züge von Hauptdarsteller Jeff Goldblum und seinem Filmvater Judd Hirsch mehr als abenteuerlich, am Ende gar sind sie nicht mehr nachvollziehbar. Aber gut: In dem Special-Effects-Spektakel über die Invasion wildgewordener Außerirdischer kommt es nun wirklich nicht auf das korrekte Schachspielen an.
Schon peinlicher ist da das Duell zweier Schachgroßmeister in *Knight Moves – Mörderisches Spiel* (USA, 1991). Zu Beginn sind die Züge der beiden, gespielt von Christopher Lambert und Terence Stamp, zwar noch recht ordentlich. Auch die prophezeite Mattsetzung ist interessant. Allerdings spielt der siegende Terence Stamp laut Projektionswand mit einem Turm weniger – was schon sehr abwegig ist.

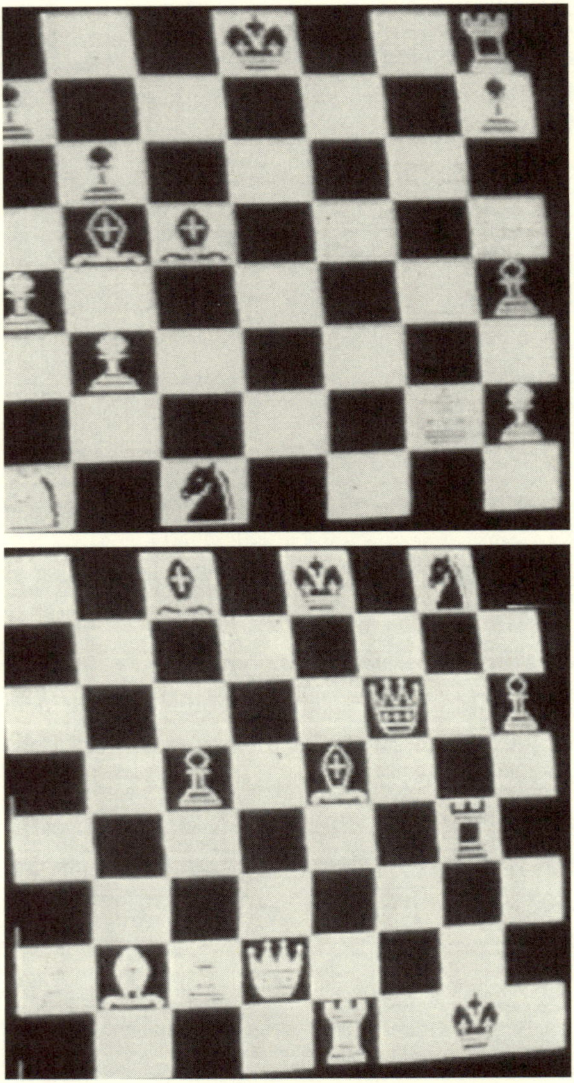

Schach Mit nur einem Zug so viele neue Positionen. In: *Das Ding aus einer anderen Welt*

Auch in *Schirm, Charme und Melone* (USA, 1998) duellieren sich die Hauptdarsteller Uma Thurman und Ralph Fiennes, indem sie ihre beabsichtigten Züge ansagen, und Fiennes zieht sie nach. Laut den Ansagen müßte Thurman mit Weiß spielen und Fiennes mit Schwarz, allerdings sieht man kurz vor dem Ende des Spiels, daß es genau umgekehrt ist. Außerdem steht auf der weißen Grundlinie ein Bauer, der längst umgewandelt sein müßte. Das Schachspielerpärchen hat wohl nicht allzuviel Ahnung vom königlichen Spiel gehabt.
Unverständlich auch Kurt Russells Partie mit dem Schachcomputer in *Das Ding aus einer anderen Welt* (USA, 1982). Auf dem Bildschirm sind zwischen zwei Zügen völlig unterschiedliche Positionen zu sehen. Kurz nach dieser Einstellung übrigens kippt Russell seinen Whisky in den Schachcomputer. Vielleicht fühlte er sich von dessen Spielweise doch überfordert.

Schakal, Der (USA, 1997) Auch die Neuverfilmung des gleichnamigen Thrillers von Frederik Forsyth kommt nicht ohne Unstimmigkeiten aus. Als Hauptdarsteller Richard Gere seine Ex-Freundin besucht, weilt im Hintergrund deren Mann auf einem Steg beim Angeln. Innerhalb von zwei Minuten hat sich der Wasserstand des Sees um einige Meter reduziert.
Später betrachtet Bruce Willis als Attentäter sein Zielgebiet mit dem Fernglas. Sein Blick streift zweimal hintereinander ein Werbeplakat. Während die Aufschrift beim ersten Mal lautet: »Grand Opening 2 Weeks«, liest man beim zweiten Mal: »Gala Opening 2 Weeks«. Nicht entscheiden konnten sich die Filmausstatter auch bei dem

Schakal, Der Wie sich innerhalb weniger Sekunden der Wasserstand ändern kann: Man achte auf den Pfahl im Wasser.

Helikopter, mit dem Richard Gere gegen Ende des Films zum vermeintlichen Tatort fliegt. Während des Fluges nämlich ist die Zahl »28« auf einer Seite des Helikopters zu sehen. Nach der Landung aber hat man eins draufgegeben: Es ist jetzt eine »29«.

Schuhe Sie gehören zur selben Kategorie wie die Rubriken → Jacke, Hose und → Kleidung, sind aber auffälliger. Man starrt eher auf die Schuhe seines Gegenübers als auf dessen Jacke.
In der finalen Gesangseinlage von Diane Keaton und Bette Middler in *Der Club der Teufelinnen* (USA, 1996) trägt die Dritte im Bunde, Goldie Hawn, weiße Schuhe. Damit ist keineswegs immer dasselbe Paar gemeint. Goldie Hawn trägt in dieser Sequenz nämlich abwechselnd zwei verschiedene Paar weiße Schuhe.
Richard Gere und Julia Roberts hatten in *Pretty Woman* bereits Probleme mit dem Ausziehen einer → Krawatte. In einer anderen Szene klappt das Entkleiden wieder nicht. Da zieht Julia Roberts ihrem Millionär Socken und Schuhe aus, aber der Script Supervisor hat sich wohl Richard Geres stets korrekter Kleidung erinnert. Im nächsten Augenblick nämlich trägt Richard Gere sowohl Socken als auch Schuhe wieder.
In *Der Blade Runner* (USA, 1982) besucht Detektiv Harrison Ford eine Verdächtige in einem Umkleideraum. Die Verdächtige zieht sich Schuhe mit hohen Absätzen an und versucht unbedachterweise, in diesen Schuhen zu fliehen. Das geht gründlich schief, denn Harrison Ford holt die Frau ein und schießt ihr in den Rücken. Tödlich getroffen fällt sie zu Boden, aber jetzt ist deutlich zu

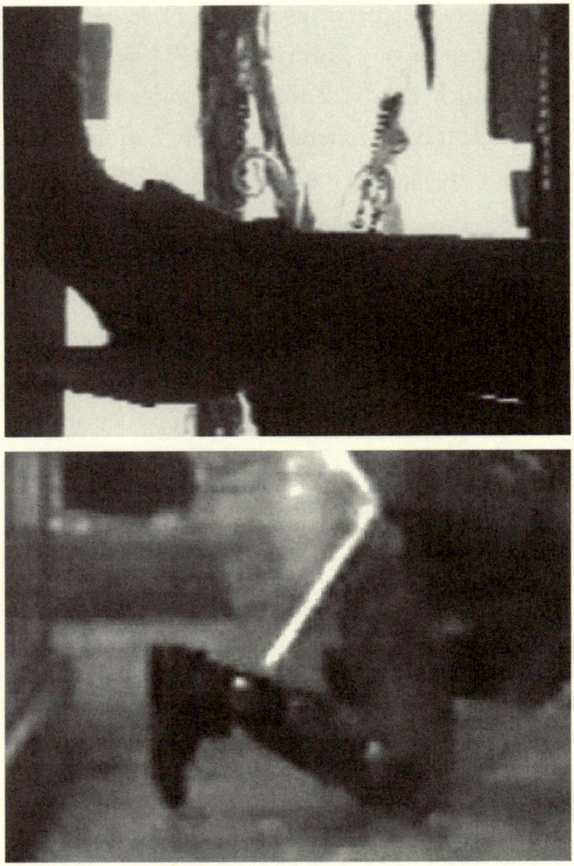

Schuhe Nach so einer kurzen Verfolgungsjagd schon die Absätze abgelaufen?
In: *Der Blade Runner*

sehen, daß ihre Schuhe nur sehr flache Absätze haben. Hätte sie die nur gleich von Anfang an getragen.

Schwarzenegger, Arnold Schon in der Rubrik → Baumstamm war Hollywoods Mann aus Österreich an einer Panne beteiligt. Darüber hinaus ist Arnold, der Erfinder des Fitneß-Studios, auch in zahlreichen anderen Filmen in Unstimmigkeiten verwickelt.
Haarsträubend beispielsweise, was Arnold in der Actionkomödie *True Lies* (USA, 1994) passiert. Da reitet er auf seinem Pferd mitten durch den Springbrunnen einer Hotelhalle. Pferd und Reiter treiben die Sache auf die Spitze und fahren eine Runde mit dem Fahrstuhl. Seltsam allerdings: Ein Blick auf Kleidung und Fell zeigen, daß Arnold und sein Pferd vom Ausflug in den Springbrunnen kein bißchen naß geworden sind.
Dramatisch auch die Szene aus *Conan – Der Zerstörer* (USA, 1984). Arnold wirft seinen Dolch nach einem Angreifer und ist damit die Waffe, nicht aber den Angreifer, erst einmal los. Zu seinem Mitkämpfer ruft er: »Mein Dolch ist weg, töte du ihn!« Arnold kann ja nicht wissen, daß dieser Dolch versehentlich schon in der nächsten Sekunde wieder an seinem Gürtel hängen wird.
In *Terminator* (USA, 1984) rast der ungestüme Arnie mit einem Kleintransporter ungebremst in eine Polizeistation. Der Polizist am Eingang sieht mit Schrecken Arnies Wagen auf sich zukommen und wird vom Scheinwerferlicht geblendet. Wie aber kann so etwas passieren? Der Kleintransporter nämlich hat sein Licht gar nicht eingeschaltet.

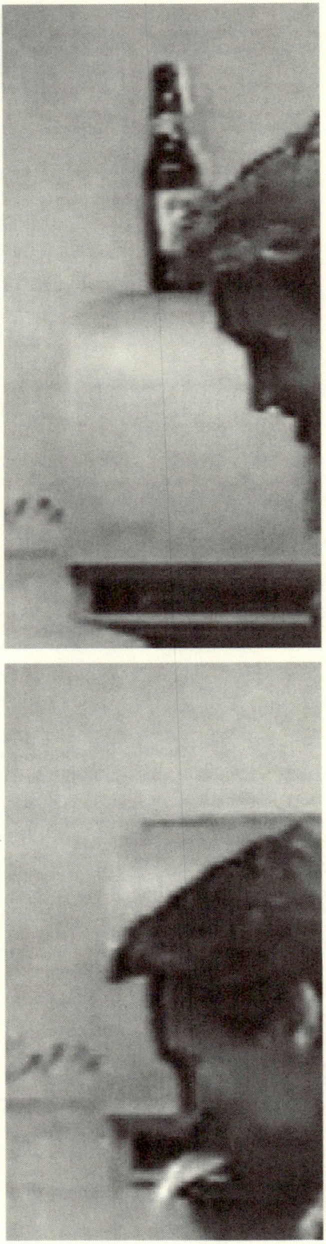

Schwarzenegger, Arnold
Arnold Schwarzenegger läßt auf der Toilette eine Bierflasche mitgehen. Arnie! Wir haben es bemerkt!
In: *Zwillinge*

Verwirrung stiftet die Ziffer »6« in *End of Days – Nacht ohne Morgen* (USA, 1999). Da malt ein von Rod Steiger gespielter Geistlicher drei Sechsen auf ein Blatt Papier, dreht das Ganze um und zeigt Arnold die entstandene »999«. Als das Papier ein zweites Mal ins Bild kommt, sind die drei umgedrehten Sechsen – es ist wie verhext – in einer anderen Handschrift geschrieben. In der Komödie »Zwillinge« (USA, 1988) spielt Arnold den hochintelligenten Zwillingsbruder von Danny De Vito. Während die beiden sich auf einer Toilette unterhalten, sieht man hinter ihnen auf einem Handtuchspender eine leere Flasche stehen. Wie man schon ahnt, ist diese Flasche dann plötzlich verschwunden.

Schwert Das Schwert ist nicht einfach nur eine Waffe. Es ist eine edle Waffe. Ritter und Könige kämpften mit dem Schwert, während dem übrigen Volk die Mistgabel vorbehalten war. In den nordischen Mythologien war das Schwert immer Zeichen für königliche Herkunft: König Artus zog sein berühmtes Excalibur-Schwert aus einem Stein, woran man ihn überhaupt erst als König erkennen konnte. Siegfried schmiedete das zerbrochene Schwert seines Vaters wieder zusammen, tötete damit einen Drachen und wurde durch ein Bad in dessen Blut fast unverwundbar. Mit Schwertern also sollte kein Spaß getrieben werden; sie sind für Höheres vorgesehen.

Beim Film allerdings ist es wieder einmal anders. Im mittelalterlichen Epos *Bravehart* (USA, 1994) kämpft Regisseur und Hauptdarsteller Mel Gibson als schottischer Nationalheld William Wallace gegen die britische Monarchie. Bei einem Jagdritt durch den Wald trifft er auf einen

seiner Gegner, der ihn mit einem Schwert attackiert. Wallace wird durch einen gezielten Messerwurf eines seiner Kameraden gerettet, der getroffene Angreifer läßt sein Schwert aus der Hand fallen. In der nächsten Einstellung sinkt er sterbend zu Boden, doch sein Schwert hält er wieder in der Hand.
Ähnliches passiert in dem Film *Der erste Ritter* (USA, 1995). Dort kommt es am Ende zu einem Schwertkampf zwischen Hauptdarsteller Richard Gere und seinem Widersacher, dargestellt von Ben Cross. Richard Gere schleudert das Schwert seines Gegners fort und stößt sein eigenes in dessen Bauch. Gleich darauf sieht man den Sterbenden, kaum zu glauben, mit dem Schwert in der Hand.

Scream (USA, 1996) Schon der Titel dieses Films und seiner zwei Nachfolger verrät, daß es sich dabei nicht um eine Komödie handeln kann. Komisch ist aber trotzdem, was Hauptdarstellerin Neve Campbell in Teil I passiert. Sie betritt die Damentoilette ihrer Schule. Alle Kabinentüren sind geschlossen. Als Campbell Schritte auf dem Gang hört, huscht sie trotzdem durch eine geöffnete Tür in eine der Kabinen. Obendrein ist noch zu sehen, daß auf dieser Tür jetzt ein Behindertenkennzeichen klebt, das da vorher noch nicht war.
Der Direktor dieser seltsamen Schule kommt leider nicht um seine Ermordung herum. Kurz bevor die Tat geschieht, öffnet er in seinem Büro einen Kleiderschrank, weil er daraus ein verdächtiges Geräusch vernommen haben will. Aus der Innenperspektive, also aus dem Schrank heraus, sieht man, wie der Direktor die Bügel mit

den Jacken auf die Seite schiebt. In der nachfolgenden Außeneinstellung sind aber alle Bügel wieder ordentlich aufgereiht.
Die Greueltaten gehen weiter. Im zweiten Teil *Scream II* (USA,1997) wird David Arquette in einem Tonstudio verletzt. Es schwächt die Dramatik der Szene ein wenig ab, daß der Blutfleck, den das Opfer auf einer Glasscheibe hinterläßt, mehrfach seine Größe und die Form verändert (vgl. → Blut: Val Kilmer). Kurz nach der Bluttat kommt es zu einer der im Film häufigen Sitzverwechslungen: Neve Campbell und ihre Freundin Elise Neal werden von Polizisten in Sicherheit gebracht. Die beiden Mädchen steigen in einen Wagen, wobei Campbell sich hinter den Fahrer setzt und Neal hinter dem Beifahrersitz Platz nimmt. Als der Wagen an einer Ampel anhält, haben sich jedoch die Verhältnisse geändert: Neal sitzt jetzt hinter dem Fahrer und Campbell hinter dem Beifahrersitz (vgl. → Star Wars).

Sheriffstern Man kann behaupten, daß Sheriffsterne für die amerikanische Filmindustrie einmal eine ähnlich große Bedeutung hatten wie → Baseball und einander jagende → Fahrzeuge jetzt. Kein Western ohne Sheriffstern. Träte in einem Western ein Sheriff ohne Stern in den Saloon, um für Ordnung zu sorgen, müßte die Regieanweisung für die Cowboys lauten: lachen und weiterschießen. Der Sheriffstern ist ein Symbol für die amerikanische Vorstellung von Ordnung und Gerechtigkeit. Ein wenig peinlich ist es da schon, daß ausgerechnet im wohl berühmtesten Western der Filmgeschichte recht nachlässig damit umgegangen wird.

In *Zwölf Uhr Mittags* (USA, 1952) spielt Gary Cooper den Sheriff Kane, der sich ins Privatleben zurückziehen will. Zuvor hat er aber noch ein Hühnchen mit Killer Miller zu rupfen, der gerade aus dem Gefängnis entlassen wird. Kane erledigt die Sache, wie wir wissen, ohne große Worte und kündigt dann seinen Job als Sheriff von Hadleyville. Die Panne: Demonstrativ wirft Kane alias Gary Cooper seinen Sheriffstern zu Boden. Da aber liegt bereits ein Sheriffstern. Zwei Sheriffsterne also zu Gary Coopers Füßen. Dieses Malheur schwächt die Dramatik der Schlußszene doch erheblich ab. Wie so ein Fehler passieren kann? Offenbar wurde die Szene mehrmals gedreht, und man verwendete jeweils verschiedene Sheriffsterne. Einer muß wohl aus Versehen liegengeblieben sein. Niemand hat es bemerkt. Vielleicht begann damit der Niedergang des Westerns.

Sonnenbrille Sonnenbrillen? Höchstens Extrembergsteiger tragen sie noch zum Schutz vor grellem Sonnenlicht. Für alle anderen ist die Sonnenbrille längst zum modischen Accessoire geworden, oft wichtiger als die Kleidung, die man dazu trägt. Daß sie die Augen auch vor UV-Strahlung schützt, ist nichts weiter als ein praktischer Nebeneffekt. Woher das kommt? Vom Film natürlich und seinem ästhetischen Einfluß auf die wirkliche Welt.

Im Kino besitzen Sonnenbrillen diesen modischen Status schon seit Jahrzehnten. Man denke nur an Audrey Hepburn, die in *Frühstück bei Tiffany* ihre schwarze Sonnenbrille vorzugsweise in dunklen Jazzkellern trug, oder an die *Bluesbrothers* Dan Aykroyd und John Belushi, deren Ray Bans auch heute noch auf zahlreichen Nasen sitzen.

Sonnenbrillen verkörpern Jugend, Eleganz und gleichzeitig eine gewisse Unbekümmertheit, und gerade im amerikanischen Film haben sie in dieser Hinsicht eine große Bedeutung. Zusammen mit Dingen wie → Baseball, dem → Sheriffstern oder dem → Fahrzeug symbolisieren sie die Grundpfeiler der amerikanischen Kultur: Sport, Gerechtigkeit, Schönheit, Mobilität.
Gleich zu Beginn des Films *Mitternacht im Garten von Gut und Böse* (USA, 1997) kommt eine Sonnenbrille ins Spiel. Hauptdarsteller John Cusack setzt sie beim ersten Treffen mit seinem Widersacher gleich zweimal hintereinander ab.
Auch in *Con Air* (USA, 1997) widerfährt Cusack ein Mißgeschick. In einer Szene dieses Action-Reißers fällt ein Auto aus einem gerade gestarteten Flugzeug, und Cusack, der eine Schlägerei hinter sich hat, sieht diesem Ereignis ramponiert und – klarer Fall – ohne Sonnenbrille zu. Zwei Einstellungen später allerdings ist Cusack wieder wie aus dem Ei gepellt. Und trägt eine Sonnenbrille.
Im Katastrophenfilm *Dante's Peak* (USA, 1996) will sich Hauptdarsteller Pierce Brosnan ein Motelzimmer mieten. Der alte Mann, der ihn ins Zimmer führt, trägt eine Brille. Allerdings nur, wenn man ihn von schräg hinten sieht. Wird der Mann von vorn gezeigt, ist da nichts auf seiner Nase. Im selben Film klettert Brosnan mit einer Sonnenbrille in den titelgebenden Vulkan, um einem verletzten Freund zu helfen. Unten angekommen, ist die Brille verschwunden. Wer jetzt glaubt, sie könnte in den Vulkan gefallen sein, hat sich leider zu früh gefreut. In der nächsten Einstellung nämlich sitzt die Sonnenbrille wieder auf Brosnans Nase.

Vergleichbares ereignet sich in der erfolgreichen Action-Komödie *Beverly Hills Cop II* (USA, 1987). Ein Gangster prügelt sich mit Hauptdarsteller Eddie Murphy und trägt dabei wie nach Belieben mal eine Sonnenbrille, mal aber auch nicht.

Eine schöne Szene gibt es außerdem in Martin Scorseses berühmtem *Taxi Driver* (USA, 1976). Jodie Foster als kindliche Prostituierte sitzt mit Taxifahrer → Robert de Niro in einem Lokal. Sie trägt eine für ihr Gesicht viel zu große, grüne Sonnenbrille, die sie im Laufe des Gespächs mit De Niro abnimmt. Kurz vor Ende der Sequenz setzt Jodie Foster die Brille wieder auf, aber was muß der aufmerksame Zuschauer entdecken? Die große, grüne Sonnenbrille ist nun blau und wesentlich kleiner.

Auch Nebendarsteller tragen Brillen und werden in Fehler verwickelt. Das ist in *L. A. Confidential* (USA, 1997) der Fall. Da verbirgt Gwenda Deacon ihre Augen hinter Gläsern. Während einer Szene kann man einmal den rechten Brillenbügel deutlich erkennen, der nur Sekunden später unter einem Haarnetz verschwunden ist, ohne daß Gwenda Jackson ihre Brille berührt hat.

Stallone, Sylvester Der unter dem Namen Sylvester Enzio Stallone geborene Schauspieler flog von mehreren Schulen und debütierte in einem Sexfilm mit dem Titel: *The Italian Stallion.* Danach hielt er seine Karriere für beendet. Er besann sich jedoch und schrieb das Drehbuch zu *Rocky*, wo er auch selbst die Hauptrolle spielte. Nach Rocky kam Rambo, außerdem spielte Stallone an Dolly Partons Seite einen countrysingenden Taxifahrer. Seine Filmpannen sind nicht gerade die originellsten. Immerhin

befindet sich auch der klassische Bartfehler darunter: In *Rambo II – Der Auftrag* (USA, 1985) trägt er während einer Folterszene den Mitte der achtziger Jahre hochmodischen Dreitagebart, obwohl er keineswegs drei Tage, sondern höchstens drei Minuten zuvor noch frisch rasiert war.

In *Rambo* (USA, 1982) fährt Stallone mit einem Truck durch den Wald. Es ist kaum anzunehmen, daß er mitten im Wald das Fahrzeug wechselt. Trotzdem ist die vordere Stoßstange des Trucks einige Male mit einer weißen Aufschrift gekennzeichnet, einige Male ist sie blank.

In *Copland* (USA, 1997) wird man Zeuge einer Unterhaltung zwischen Stallone und Co-Star Ray Liotta. Liotta stößt eine Bierdose absichtlich um, und obwohl sich keiner der beiden darum kümmert, steht sie gleich darauf wieder an ihrem alten Platz.

Star Trek »Der Weltraum. Unendliche Weiten. Wir befinden uns im Jahr …« Jeder dürfte die Stimme aus dem Off schon einmal gehört haben, nachmittags im Fernsehen, und wer ist dabei nicht ein wenig ins Nachdenken geraten: Wie wird es sein im Jahr 4032, wenn die Nationen der Erde das Zusammenleben nicht nur untereinander regeln müssen, sondern auch mit den Nationen anderer Planeten im Universum? Die TV-Serie *Star Trek*, den Älteren unter uns bekannt als *Raumschiff Enterprise*, war mehr als nur eine Science-fiction-Serie. Es war eine philosophische Science-fiction-Serie. Sie behandelte nämlich die ethisch-moralischen Grundfragen der Gegenwart, als da wären Rassismus, Geschlechterkampf oder die Fragen des Weltfriedens. Der Kuß zwischen Lieutenant Uhura

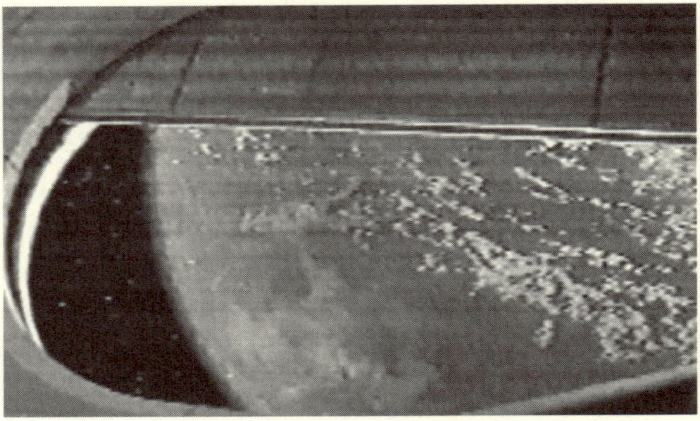

Star Trek Ein Blick aus dem Raumschiff auf Australien zeigt: Neuseeland fehlt. In: *Treffen der Generationen*

und Captain Kirk beispielsweise war der erste Kuß zwischen einer schwarzen Frau und einem weißen Mann im amerikanischen Fernsehen. Streitereien zwischen den Planeten des Universums wurden, dank dem vermittelnden Team der Enterprise, stets auf friedliche und demokratische Art gelöst. So mancher Fan der TV-Serie meint, diese hehre Grundhaltung gehe in den Kinoversionen von *Star Trek* etwas verloren. Fest steht, daß sich gerade dort einige Pannen eingeschlichen haben, die den acht Folgen Szenen mit unfreiwilliger Komik bescheren.

Unser Mr. Spock, vor dessen Fähigkeit zu emotionsloser Logik wir immer höchsten Respekt hatten, wirkt in einigen Einstellungen etwas zerstreut, und auch der verantwortungsvolle Captain Kirk scheint bei genauem Hinsehen nicht immer ganz bei der Sache zu sein.

Beginnen wir mit *Star Trek, Der Film*, Teil I (USA 1979). »Spock« Leonard Nimoy trägt in einer der Schlußszenen eine rote Armbinde. Sekunden später ist diese Armbinde weiß. Als er im nachfolgenden Teil *Star Trek II – Der Zorn des Khans* (USA, 1982) stirbt, muß »Captain Kirk« William Shatner dieses traurige Ereignis hinter einer Glasscheibe stehend beobachten. Man achte auf den Zustand seiner Uniformjacke. Erst ist sie aufgeknöpft, dann, nach einem Schnitt, zugeknöpft und in einer weiteren Einstellung wieder aufgeknöpft.

Überhaupt scheint William Shatner die Fehler ein wenig anzuziehen. In *Star Trek III – Auf der Suche nach Mr. Spock* (USA, 1983) unterhält er sich mit Mark Lennart, der einen Vulkanier spielt. Im Hintergrund des Raumes sind mehrere Pistolen zur Dekoration an der Wand angebracht. Es muß schon äußerst turbulent bei der Besprechung zugehen, denn von der einen Einstellung zur anderen zeigen einige der Pistolenläufe plötzlich in eine andere Richtung.

In *Star Trek IV – Zurück in die Gegenwart* (USA 1986) speist Shatner mit einer Walforscherin, gespielt von Catherine Hicks, in einem Restaurant. Sie sind gerade dabei, sich näher kennenzulernen, die Atmosphäre ist romantisch. Auf dem Tisch steht eine Kerze in einem Teelichtglas. Weniger romantisch ist, daß diese Kerze mal halb abgebrannt, mal noch so gut wie neu ist.

Auch eine der häufigen Pannen mit Bekleidungsstücken muß sich der arme Shatner gefallen lassen: In *Star Trek V – Am Rande des Universums* (USA 1989) erleben wir ihn als beinahe perfekten Free-Climber. In einem hellblauen T-Shirt hangelt sich Shatner ohne Seil und ohne Karabinerhaken eine Felswand hinauf. Es kommt, wie es kommen muß, Shatner vergreift sich und fällt. Während des Falls ist das T-Shirt plötzlich dunkelblau.

Mr. Spock alias Leonard Nimoy kann dank seiner die Schwerkraft aufhebenden Spezialschuhe Shatner noch in der Luft abfangen. Das eigentliche Wunder aber geschieht jetzt: Shatner in Spocks Armen trägt nun wieder das hellblaue T-Shirt.

Auch andere Schauspieler der *Star Trek*-Reihe hat die Panne kalt erwischt: »Sulu« George Takei zum Beispiel darf eine schöne präsentieren: In einer Szene zu Beginn von *Star Trek VI – Das unentdeckte Land* (USA 1991) legt Takei auf der Kommandobrücke des Raumschiffs eine Teepause ein. Das Teegeschirr steht bereits auf einem Tisch, als das Raumschiff von Vibrationen erschüttert

wird. Dabei wandert seine Teetasse an den äußersten Rand des Tisches. In der darauffolgenden Halbtotalen allerdings steht sie wieder an ihrer ursprünglichen Position. Wohlgemerkt: Takei hatte noch keine Gelegenheit, die Tasse wieder zurechtzurücken.
Ab der siebten Episode *Star Trek – Treffen der Generationen* (USA 1994) tritt eine neue Enterprise-Generation an. Auch sie tappt munter in die Fehler-Falle. Den Anfang macht »Worf« Michael Dorn. Er will den in einer Raumstation verschütteten Malcolm McDowell befreien und bückt sich, um einen schweren Gebäudebrocken hochzuheben und ihn aus dem Weg zu räumen. In der darauffolgenden Einstellung sieht man, wie Dorn sich gleich noch einmal zu demselben Brocken hinunterbückt – den er doch schon weggeräumt hat.
Als nächster Filmpannen-Kandidat ist »Captain Picard« Patrick Stewart an der Reihe. Vom Cockpit der Enterprise blickt er auf die gute, alte Erde hinunter. Auf der blauen Kugel allerdings fehlt Neuseeland. Wie das wohl die Neuseeländer finden?
Zum Schluß sei noch eines verraten: Auch in der so anständig daherkommenden Fernsehserie gibt es natürlich Pannen. Ein Beispiel ist die »Chicago«-Folge *Epigonen* (USA, 1967). Da gibt es einen Gangster, gespielt von Anthony Caruso. Er steht an einem Billardtisch und spielt eine Runde, während er sich mit Kirk, Spock und McCoy unterhält. Auffallend: die Billardkugeln. Sie wechseln ihre Positionen von Einstellung zu Einstellung. Das Seltsame daran: Die meisten Kugeln hat Carusos Queue nie berührt.

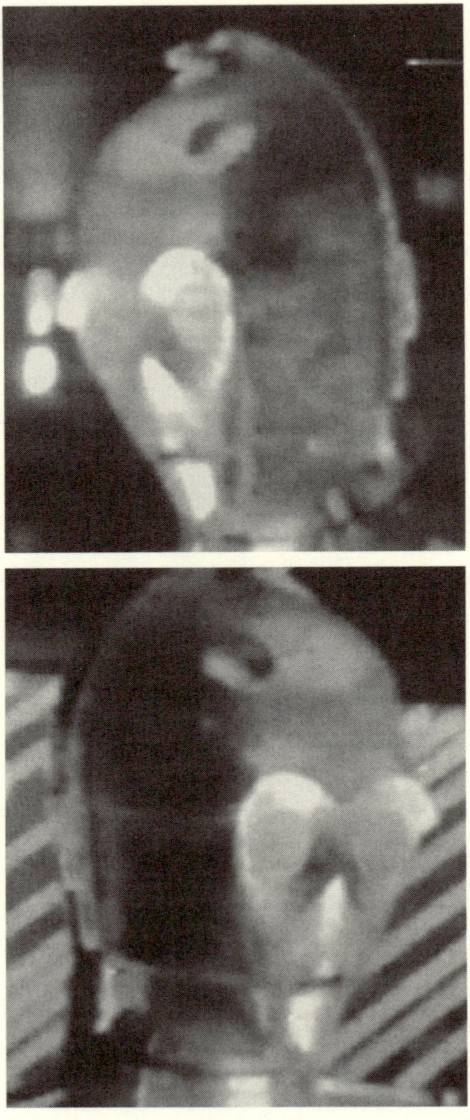

Star Wars Heiligs Blechle: C3POs Delle links auf der Stirn wandert kurzzeitig auf die rechte Seite.

Star Wars Neben *Star-Trek* ist die *Star Wars*-Reihe das zweite, wahrscheinlich noch berühmtere Science-fiction-Großprojekt Hollywoods. Obwohl technisch perfekt gemacht, bleibt diese Space-Oper für viele Science-fiction-Kenner nur ein Märchen. Einige Leute behaupten sogar, die Star Wars-Trilogie sei weniger dem Science-fiction-Genre zuzurechnen als mehr dem Fantasy-Film. Ob Science Fiction oder Fantasy, bei der Suche nach Filmpannen jedenfalls ist *Star Wars* eine wahre Fundgrube. Kein Wunder. Bei den außergewöhnlichen Kostümen und der Fülle an Special Effects kann man unmöglich den Überblick behalten.

Beginnen wir mit dem Teil, der die *Star Wars*-Reihe berühmt gemacht hat: George Lucas' *Star Wars – Der Krieg der Sterne* (USA, 1977). Jeder wird sich noch an C3PO und an R2D2 erinnern, die beiden sogenannten Droiden. Man könnte sie schlichtweg auch als Roboter bezeichnen. Ein dezentes Merkmal von C3PO ist die etwas herausragende Schraube auf seiner linken Brust, mit der vermutlich sein Körper zusammengehalten wird. Gleich zu Beginn des Films, als die beiden Droiden auf dem Wüstenplaneten landen, befindet sich die Schraube einmal auch auf der rechten Seite von C3POs Brust. Die Einstellung war offensichtlich spiegelverkehrt. Der arme C3PO hat auch eine Delle links auf der Stirn. Die bekommt er von den brutalen Bewohnern des Wüstenplaneten bei einem Überfall gleich nach der Landung verpaßt, und sie wird ihm bis zum Ende des Films erhalten bleiben. Einmal allerdings, während des Angriffs auf den Todesstern, ist diese Delle auf die rechte Seite der Stirn gewandert.

Kurz darauf gibt es gleich zwei Anschlußfehler: In der Hütte des alten »Obi Wan« Alec Guinness testet Marc Hamill zum ersten Mal sein neues Laserschwert. Hinter ihm hängt ein Gegenstand, der nicht näher erkennbar ist. Möglicherweise handelt es sich um eine Jacke. In der nächsten Einstellung ist der rätselhafte Gegenstand wieder verschwunden. Wenig später betrachtet Alec Guiness eine Hologramm-Nachricht von Carrie Fisher. Auf dem Tisch neben ihm stehen verschiedene Gegenstände, auch sie sind nicht näher zu identifizieren. Wer genau hinsieht, wird herausfinden, daß die Gegenstände immer wieder in unterschiedlicher Ordnung auf dem Tisch liegen. Kurz zuvor sitzt Mark Hamill mit Filmonkel und Filmtante zu Tisch. Hamill schenkt sich ein Glas Wasser ein, wobei er die Karaffe mit der linken Hand nimmt und das Wasserglas mit der rechten. Nur ein paar Sekunden später, in derselben Szene, hält er Karaffe und Glas genau andersherum.

Bei all diesen Kleinigkeiten ist viel eklatanter, daß es in der Logik des Films ein paar Ungereimtheiten gibt. Die imperialen Sturmtruppen beispielsweise tragen Rüstungen. Es sind Rüstungen, die eigentlich so aussehen, als wären sie unzerstörbar. Trotzdem sind die Mitglieder der Sturmtruppe sofort außer Gefecht gesetzt, wenn sie von Schüssen getroffen werden. Was allem die Krone aufsetzt: In *Die Rückkehr der Jedi-Ritter* (USA, 1983) schützt diese altmodische Ausrüstung die Sturmtruppen nicht einmal vor den Steinwürfen der Ewoks. Und das in einer hochtechnisierten Zukunft.

Auch Harrison Ford (s. a. → Indiana Jones) erwischt es. In *Das Imperium schlägt zurück* (USA, 1980) wird er,

schauerlich genug, eingefroren. Dabei trägt er ein weißes Hemd. In einer Großaufnahme sieht man aber eine braune Jacke, die er zuvor immer trug. In der darauffolgenden Totalen ist sie wieder verschwunden. Während der aufregenden Verfolgungsjagd mit dem Raumschiff durch das Asteroidenfeld steht Carrie Fisher im Cockpit hinter Harrison Fords Pilotensitz. Daneben, hinter Co-Pilot Chewbacca, steht unser Droide C3PO. In der nächsten Einstellung ist es allerdings die Prinzessin, die hinter Chewbacca steht, und der Droide steht hinter Mark Hamill. Wenige Sekunden später ist die alte Ordnung wiederhergestellt. Es kommt noch schlimmer. Da fällt Mark Hamills Laserschwert im Duell mit seinem Vater zu Boden, aber Sekunden später liegt das deaktivierte Schwert an einer ganz anderen Stelle, und die rotschwarzen Ehrenabzeichen auf der rechten Brust eines Generals von Darth Vader werden urplötzlich zu simplen rot-blauen Plaketten. In der nächsten Einstellung sind zwar die rot-schwarzen Ehrenabzeichen rehabilitiert, nur befinden sie sich jetzt auf der linken Brustseite.

Noch einmal zurück zu *Rückkehr der Jedi-Ritter*. Hier gibt es das bekannte Duell zwischen Darth Vader und Mark Hamill mit dem Lichtschwert. Während des Duells sieht man die Schatten der Lichtschwerter über den Boden zucken. Das ist nun naturwissenschaftlich höchst delikat, denn Licht selbst wirft bekanntlich keinen Schatten.

In einer dramatischen Szene rettet sich Bee Dee Williams, der den Lando Calrissian spielt, vor dem Fall in eine Grube, indem er von einem Schwebegleiter springt. Er kann sich gerade noch an ein Seil klammern, das vom Schwebegleiter herabhängt. Dabei sieht man deutlich

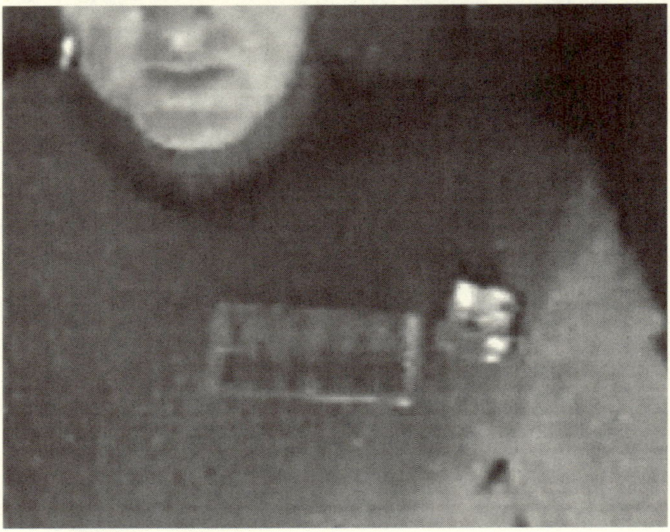

Star Wars Die Ehrenabzeichen eines von Darth Vaders Generälen sind quer über die Brust auf die andere Seite gerutscht.

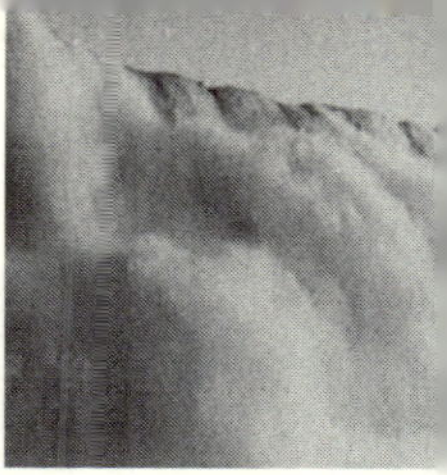

seine schwarzen Handschuhe. Einen Augenblick später sind die Handschuhe verschwunden und Bee Dee Williams hängt mit bloßen Händen am Seil. Auch Harrison Ford entgeht dem Fall in die Grube vom selben Schwebegleiter aus nur knapp, und das auf wundersame Weise. Er stürzt mit den Füßen voran, wird aber von Chewbacca, der ebenfalls im Schwebegleiter sitzt, an genau diesen Füßen gepackt und mit dem Kopf nach unten hängend festgehalten. Fiel Ford nicht mit den Füßen voran? Egal. Hauptsache, er wurde gerettet.
Es ist in gewisser Weise tröstlich, die Pannen in der High-Tech-Welt von *Star Wars* zu sehen. Die Pannen im wirklichen Leben erscheinen dann weniger tragisch. Niemand ist eben perfekt.

Sutherland, Kiefer In *Young Guns* (USA, 1988) wird Donald Sutherlands Sohn mit dem seltsamen Vornamen in eine Schießerei verwickelt. Dabei trägt er in ein- und derselben Szene mal einen Cowboyhut, mal ist er barhäuptig. Immer schön abwechselnd. Beim entscheidenden Schußwechsel im Zug am Ende von *Flashback* (USA, 1990) trägt Sutherland eine Armbanduhr. Zwischendurch allerdings ist sie plötzlich verschwunden.
Zu Beginn von *Ground Control* (USA, 1998) kann man das Phänomen des sich selbständig machenden Kugelschreibers erkennen. Sutherland legt einen solchen auf ein Blatt Papier neben seinem Laptop. Nur wenig später ist dieser Kugelschreiber an eine andere Stelle gerückt. Und Darstellerin Jamie Gertz scheint in Sutherlands Anwesenheit wohl zu frieren. In *The Lost Boys* (USA, 1986) steigt sie in einer Jacke zu Sutherland aufs Motorrad. In der

Titanic Die von Kate Winslet zerschlagene Scheibe muß sich selbständig regeneriert haben.

vorhergehenden Einstellung war sie noch mit Jason Patrick auf einem Spaziergang unterwegs, und sie benötigte keine Jacke.

Eine Mikrofonpanne gibt es schließlich in *Stand by me – Das Geheimnis eines Sommers* (USA, 1986) zu sehen. Sutherland spielt mit einem Kumpel Billard. Über dem Billardtisch hängt eine Lampe, und daneben sieht man es – das Mikrofon der Filmcrew.

Titanic (USA, 1997) Wir wissen, daß auf der Titanic einiges schiefging. James Camerons Film verwendet die Tragödie des als unsinkbar propagierten Schiffes als Hintergrund für eine Liebesgeschichte, die ebenfalls tragisch endet. Pannen gab es nicht nur auf dem echten Schiff. Auch in den Film mit seinen monumentalen Bildern haben sie sich eingeschlichen.

Beim Ablegen der Titanic stehen der Kapitän und sein erster Offizier an Deck des Schiffs und lassen sich die Sonne ins Gesicht scheinen. Auf die rechte Hälfte, um genauer zu sein. Auf Befehl des Kapitäns verläßt der Offizier seinen Platz und macht sich auf den Weg zur Kommandobrücke. Am Schatten, den er dabei wirft, läßt sich erkennen, daß die Sonne jetzt aus der entgegengesetzten Richtung scheint. Kein Schiff der Welt kann innerhalb weniger Sekunden derart die Richtung ändern – die Titanic hätte es schon gar nicht gekonnt. Deshalb ist hier ganz offensichtlich ein Anschlußfehler passiert. Später wird dem Kapitän eröffnet, daß sich der Untergang seines Schiffes nicht mehr vermeiden lassen wird. Es sind keine Tränen, die in seinen Augen glitzern. Es sind Kontaktlinsen, wie auf einer großen Leinwand gut erkennbar ist.

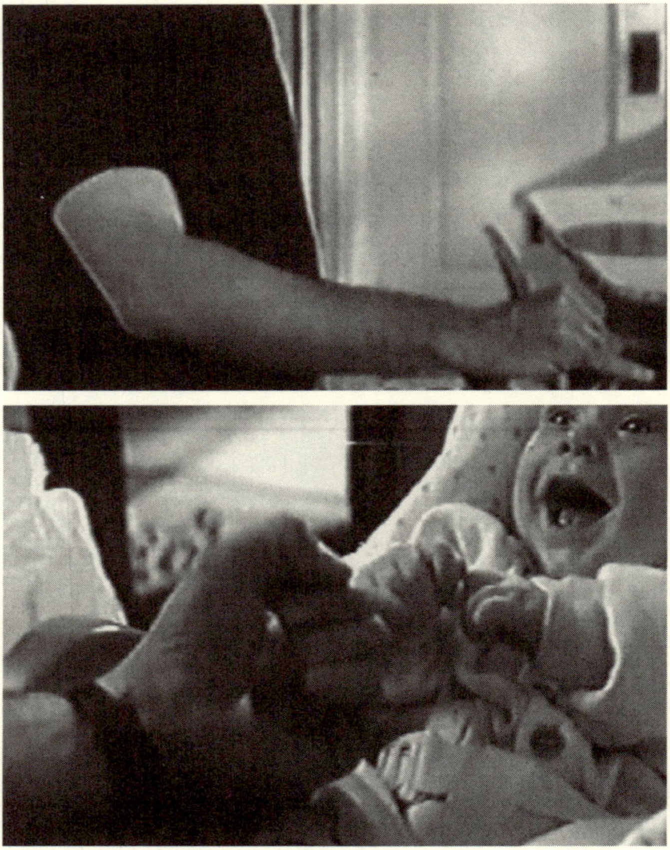

Travolta, John Travolta reicht den rechten kleinen Finger, doch das Baby umklammert seinen linken Zeigefinger.
In: *Kuck mal, wer da spricht*

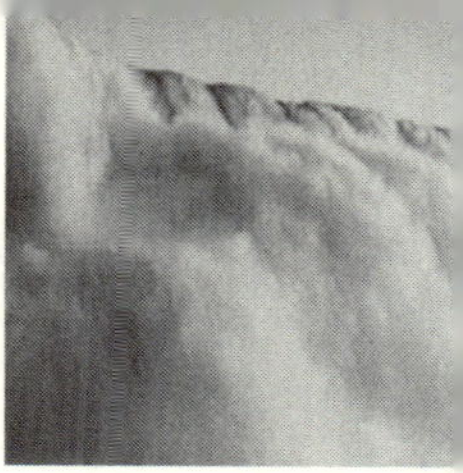

Dieses Phänomen ist medizintechnisch gesehen ein Wunder: Die Titanic sank im Jahr 1912. Bis zur Erfindung der Kontaktlinsen dauerte es da noch ein halbes Jahrhundert.

Travolta, John Spätestens seit *Pulp Fiction* lieben ihn alle, hat er doch als dicklicher Bodyguard seine Fähigkeit zur Selbstironie unter Beweis gestellt. Eingeweihte wissen ihn aber schon seit seiner Rolle als manischer Discotänzer in *Saturday Night Fever* zu schätzen. Niemand beherrscht den Hüftschwung so gut wie er! Daß Travolta auch privat gerne tanzt, merkt man dem Film an. Großartig! Da sind uns doch die paar Pannen egal.
Beim großen Showdown in dem Actionfilm *Operation Broken Arrow* (USA, 1996) wird Travolta im Waggon eines fahrenden Güterzuges von seinem bewaffneten Widersacher Christian Slater aus einem Hubschrauber heraus in den rechten Oberarm getroffen. Es scheint Travolta leichtzufallen, trotz dieser Verletzung wenig später während eines Kampfes kräftig mit seinem verletzten Arm zuzuschlagen. Das ist aber in diesem Fall nichts Besonderes: Die Schußwunde nämlich ist schon gar nicht mehr zu sehen.
Im Film *Phenomenon* (USA, 1996), dem übrigens nachgesagt wird, es handle sich um einen Propagandafilm der Scientology-Sekte, wird ein Mann von eher schlichtem Gemüt von einem ominösen Blitzlicht getroffen und verwandelt sich daraufhin in ein Genie. Der Blitzschlag überrascht Hauptdarsteller Travolta mitten auf der Fahrbahn, wo er ohnmächtig zu Boden fällt. In der Totalen liegt sein Kopf ungefähr einen Meter vom Mittelstreifen der Straße

entfernt. So ohnmächtig kann Travolta jedoch gar nicht gewesen sein: In der Naheinstellung liegt sein Kopf genau auf dem Mittelstreifen.
In *Kuck mal, wer da spricht* (USA, 1989) wird Travolta unfreiwillig zum Babysitter. Da scheint selbst der Script Supervisor ein wenig die Kontrolle zu verlieren, kann er doch nicht einmal mehr rechts von links unterscheiden. Einmal reicht Travolta dem Baby den rechten kleinen Finger. Als das Baby danach greift, ist daraus aber der linke Zeigefinger geworden.

Tür Im Actionfilm *Air Force One* (USA, 1996) sind es Geiseln, die hinter einer Tür verborgen werden, und Harrison Ford ist es, der diese Tür zu öffnen versucht. Es wird jedoch auf ihn geschossen, und er muß sein Vorhaben abbrechen. Glücklicherweise wird Ford aber nicht getroffen. Nur die Tür bekommt ein paar Einschußlöcher ab. Als jedoch wenig später Bösewicht Gary Oldman die Tür öffnet, sind die Einschußlöcher schon wieder verschwunden.

Eine Tür, die sich auf eigenwillige Weise öffnet und schließt, gibt es in *Maverick* (USA, 1994) zu sehen. Zu Beginn der Western-Komödie verläßt Berufszocker Maverick alias Mel Gibson den Spieltisch und betritt sein Zimmer. Dabei läßt er die Tür offen stehen. Die Tür gerät aus dem Bild, und plötzlich klopft es. Es könnte noch angehen, daß an eine geöffnete Tür geklopft wird. Als Mel Gibson zur Tür geht, erkennt man allerdings, daß die Tür jetzt plötzlich geschlossen ist.
In *Boy Soldiers* (USA, 1991) zertrümmert Sean Astin die Glasscheibe einer Tür mit dem Ellenbogen. Die Scheibe

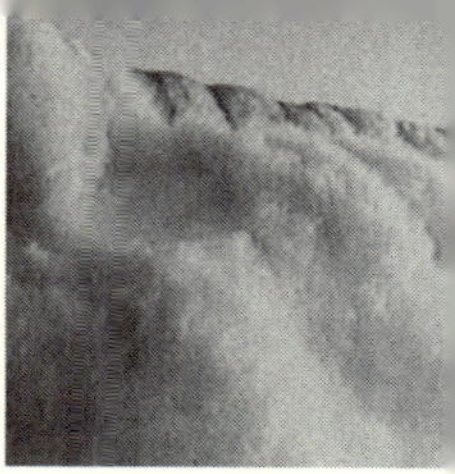

ist dann zunächst vollständig herausgebrochen. In einer Naheinstellung jedoch sieht man nichts weiter als ein kleines Loch im Glas, durch das Astin greift, um die Tür von innen zu öffnen.

Tüte Man unterscheidet in der Hauptsache Papiertüten, Plastiktüten, Milchtüten und Schultüten. Die Tüte ist nicht zu verwechseln mit dem Beutel.
Hauptdarsteller Macauley Culkin betritt in *Ritchie Rich* (USA, 1994) eine Polizeistation. Er trägt eine Einkaufstüte aus Papier bei sich und knallt diese unvermittelt dem diensthabenden Beamten auf den Tisch. Dabei wird die Tüte erheblich zusammengeknüllt, jedoch steht sie in der nächsten Einstellung wie neu und keineswegs krumpelig vor dem Polizeibeamten.
Eine mit Wasser gefüllte Plastiktüte, in der Zierfische schwimmen, ist der Gegenstand der Panne in *Out of Sight* (USA, 1998). In einer Szene der Romanze zwischen einem Bankräuber und einer Polizistin sitzt Hauptdarsteller George Clooney im Gefängnis und beobachtet seine Mithäftlinge. Einer von ihnen hat gerade besagte Tüte mit den Fischen auf einen Tisch gelegt. Die armen Fische müssen einiges mitmachen. Im Laufe der Unterhaltung zwischen den Gefangenen nämlich rutscht ihr provisorisches Aquarium immer wieder an eine andere Stelle des Tisches, ohne daß einer der Männer es berührt.
Die Erfindung der sich selbst reparierenden Milchtüte kann man in *The Lost Boys* (USA, 1986) bestaunen. Darsteller Jason Patric nimmt eine Milchtüte aus dem Kühlschrank und läßt sie fallen. Durch den Aufprall platzt die Tüte an der Oberseite auseinander. Als jedoch

wenig später Patrics Filmmutter Diane Wiest nach Hause kommt und die Milchtüte vom Boden aufhebt, ist das ehemals lädierte Behältnis wieder vollkommen intakt.

Vampire »Es ist ganz zweifelsfrei – denn man kann es beweisen –, daß es Vampire gibt.« Der das sagt, muß es wissen, handelt es sich doch um den Arzt und Vampirforscher Professor Van Helsing aus Bram Stokers Roman »Dracula«. »Der unter uns lebende Vampir ist allein so stark wie zwanzig Männer«, so Van Helsing, »er ist wild und mehr als das; er ist teuflisch gefühllos; er besitzt kein Herz; er kann, in gewissen Grenzen, erscheinen, wo und wann er will und in der Gestalt, die er sich auswählt.« Das sind ja schöne Aussichten!

Statt jetzt Knoblauchzöpfe ins Zimmer zu hängen, sollte man sich vielleicht Francis Ford Coppollas Verfilmung *Bram Stokers Dracula* (USA, 1992) ansehen und über die Pannen lachen.

Richard E. Grant wird da beispielsweise von einem Vampir in die rechte Halsseite gebissen. Glücklicherweise kann er den lästigen Blutsauger abschütteln, und er greift sich erschrocken an den Hals. Aber Grant hat die falsche Seite erwischt, er greift sich nämlich an die linke (s. a. → Blut).

Kirsten Dunst schneidet sich in *Interview mit einem Vampir* (USA, 1994) vor den Augen von Brad Pitt und Tom Cruise die Haare ab, wirft die Schere zu Boden und verläßt den Raum. Diese Schere hat sie bereits wieder in der Hand, als sie unmittelbar darauf zurückkommt, um dem armen Tom Cruise in die Wangen zu ritzen.

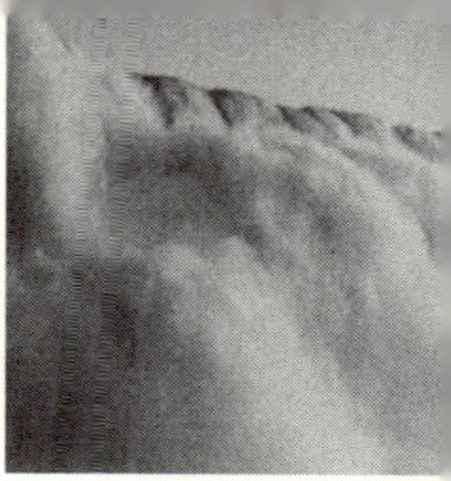

Wagenrennen Ach, Hollywoods Wagenrennen. Peitschen knallen, Wagen preschen, Pferde galoppieren. Die ersten Achsen brechen, es gibt Verletzte, sogar Tote. Die anderen Wagen preschen weiter, bis am Ende nur einer übrigbleibt. Kurz: Bei den Wagenrennen im alten Rom herrschte das Prinzip des K.o.-Systems. Wer raus war, war raus. Da ist es doch verwunderlich, was im wohl bekanntesten aller Sandalenfilme passiert. Beim legendären Wagenrennen in *Ben Hur* (USA, 1959) gehen neun Wagen an den Start. Als der Fünfte nach ein paar Runden aus dem Rennen ist, sieht man in einer Szene die restlichen Gefährte weiter durch den Sand jagen. Wie viele es sind? Es sind auch fünf. Waren nicht neun Wagen am Start? Das K.o.- System ist unerbittlich. Es war also wieder einmal jemand vom Film, der die Sache verbockt hat.

Wallace, Edgar In *Der Schwarze Abt* (D, 1963), einer der erfolgreichsten Wallace-Verfilmungen, ist nicht nur der titelgebende Abt mysteriös. Auch ein simples Buch, das auf dem Schreibtisch im Büro von Anwalt Harry Wüstenhagen liegt, scheint über geheimnisvolle Kräfte zu verfügen. Nacheinander betreten Eva-Ingeborg Scholz und Werner Peters das Büro. Während ihrer Unterhaltung mit dem Anwalt sieht man das Buch (s. a. → Buch) beinahe ununterbrochen auf dem Tisch liegen, nur verändert es dabei laufend seine Postion, ohne daß eine der anwesenden Personen es berührt. Das erinnert ein wenig an die Praxis des »Gläserrückens«.
Am Ende des Films *Das Geheimnis der Weißen Nonne* (D/GB, 1966) gehen sich die Bösewichte, zwei schurkische

Geschwister, gegenseitig an den Kragen. Dabei werfen sie einen Schmelztiegel um, der neben einem Goldbarren auf dem Tisch steht. Kurz bevor die Mutter der Geschwister den Sohn erschießt, sieht man den Schmelztiegel schon wieder auf dem Tisch stehen, obwohl im Handgemenge gewiß keiner die Zeit gefunden hat, ihn wieder an seinen Platz zu stellen.
Unstimmigkeiten gibt es beim Füllstand eines Weinglases in *Die Gruft mit dem Rätselschloß* (D, 1964). Da sitzen die Darsteller Fritz Fürbringer, Judith Dornys und Eddi Arendt um einen Tisch und trinken Wein. Der Pegel des Glases von Fürbringer variiert dabei zwischen halbvoll und fast leer.

Wasserfall Welcher Kinogänger hat nicht schon von dem berühmten, aufwärts fließenden Wasserfall im Film *Anaconda* (USA, 1997) gehört? Schon jetzt ranken sich einige Mythen um dieses beinahe schon poetisch wirkende Bild. Einige wollen den eigenwilligen Wasserfall gar als geheime Botschaft verstanden wissen. Das läßt sich leicht widerlegen: Der aufwärts fließende Wasserfall kam durch reine Nachlässigkeit in den Film. Für eine bestimmte Szene benötigte man ein treibendes Schiff auf einem Fluß. Man filmte die kurze Sequenz separat und fügte sie nachträglich in die Szene ein. Bei der Bearbeitung des Films mußte man jedoch feststellen, daß das Boot in die falsche Richtung treibt. Da die gesamte Szene nur kurz ist und auch keine Personen zu sehen sind, fügten die Verantwortlichen die Sequenz kurzerhand rücklaufend in den Film – und übersahen den Wasserfall im Hintergrund. Der fließt seitdem aufwärts. Und ist berühmt.

Williams, Robin And the winner is: ... Robin Williams!!! Bei der Preisverleihung des Oscars für die häufigsten Filmpannen wird der amerikanische Filmschauspieler der sichere Sieger sein (s. a. → De Niro, Robert; Douglas, Michael). Aber wie so oft ist Masse hier nicht gleichbedeutend mit Klasse. Die Mißgeschicke, die unserem Filmhelden so gehäuft passieren, gehören nicht unbedingt zu den originellsten, aber von den Oscar-Verleihungen sind wir dergleichen ja gewohnt.

Wie in der Rubrik → Kleidung bereits dargestellt, scheint auch Robin Williams Probleme mit dem Wechseln derselben zu haben, und auch das Filmteam konnte ihm zumindest im Film *Jack* (USA, 1996) nicht immer helfen. Darin spielt Williams einen Schüler. Eines Tages trägt er auf dem Weg zur Schule ein hellrotes T-Shirt. Im Laufe des Schultages allerdings wechselt die Farbe dieses Hemdes ins Dunkelrote.

War Robin Williams in *Jack* noch Schüler, unterrichtet er als Lehrer in *Good Morning Vietnam* (USA, 1987) eine Klasse Vietnamesen. Zu Beginn eines Schultages trägt er ein dunkelblau gestreiftes Hemd. Als er das Schulgebäude später verläßt, sind aus den Streifen Karos geworden. Probleme hat Williams auch mit dem Fenster einer Autotür.

In *Zeit des Erwachens* gibt er einen Arzt, der seine an Schlafkrankheit leidenden Patienten unter Drogen stellt. Auf diese Weise gelingt es ihm, sie kurzfristig wieder zum Leben zu erwecken. Als er sich aus seinem Autofenster heraus mit einer Krankenschwester unterhält, rutscht die Scheibe mehrmals wieder ein Stück nach oben und wieder herunter.

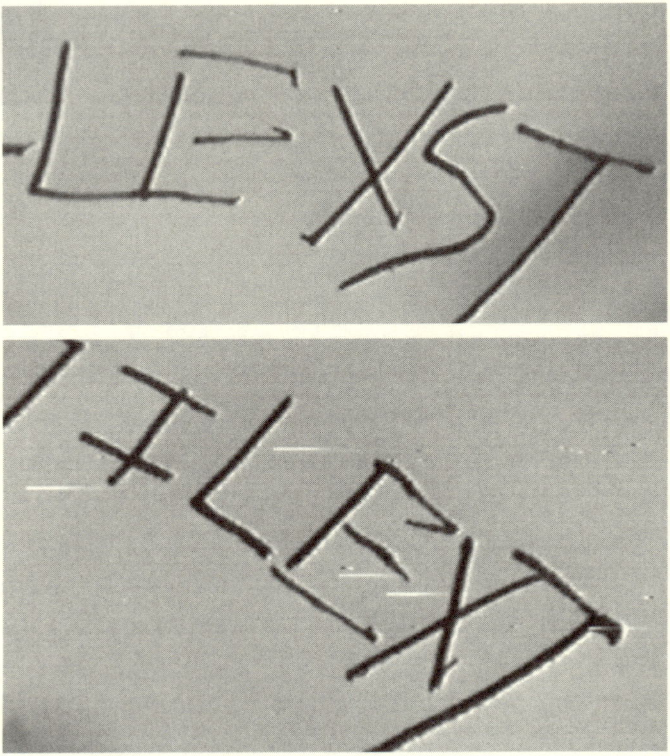

Williams, Robin »I still exist« – selbst das Schriftbild scheint zu leben. In: *Hinter dem Horizont*

Auch mit → Handschellen scheint er nicht so recht umgehen zu können. In *Jumanji* (USA, 1995) kettet Williams einen Polizisten mit dessen eigenen Handschellen an eine Autotür. Trotzdem gelingt es beiden kurz darauf einzusteigen. Von den Handschellen ist nämlich nichts mehr zu sehen. Nach ein paar weiteren Einstellungen aber ist der Polizist wieder an die Tür gefesselt. Im selben Film findet man auch einen der beliebten Bart-Fehler: Williams entledigt sich seines Vollbarts. Dabei schneidet er sich mehrmals und bedeckt die kleinen Wunden mit Fetzen eines Taschentuchs. Innerhalb weniger Sekunden verschwinden nicht nur diese Fetzen, es sind darüber hinaus auch die Wunden verheilt.
Rechts und links werden natürlich auch verwechselt. Robin Williams' linker Fuß verfängt sich in *Hook* (USA, 1991) in einer Schlingpflanze. Dann aber sieht man, daß eigentlich sein rechtes Bein von der lästigen Liane umschlungen ist, und an diesem Bein wird er dann auch in die Höhe gezogen.
Zu Beginn von *The Birdcage – Paradies für schrille Vögel* (USA, 1995) muß er als homosexueller Vater bei einem Glas Wein mit seinem Sohn von dessen Heiratsabsichten mit einer Frau erfahren. Geschockt trinkt Williams sein ganzes Glas auf einmal aus. In der folgenden Einstellung kann man erkennen, daß dieses Glas sich selbständig aufgefüllt haben muß, denn es ist ohne das Zutun von Vater oder Sohn wieder zur Hälfte gefüllt.
In dem Film *Hinter dem Horizont* (USA, 1998) führt der verstorbene, aber als Geist unter den Lebenden weilende Williams die Hand seiner Filmfrau und läßt sie die Worte »I still exist« schreiben. Als das Geschriebene allerdings

zum zweiten Mal ins Bild kommt, hat sich die Handschrift plötzlich vollkommen verändert, ohne daß die Frau eine Möglichkeit zur Korrektur hatte.

Winnetou Er war der Held unserer Kindheit. Wenn er auf seinem Pferd durch die Berge ritt und gegen schurkenhafte Cowboys kämpfte, schworen wir uns, es später einmal genauso zu machen. Seine Blutsbrüderschaft mit Old Shatterhand veranlaßte uns, gemeinsam mit dem besten Freund die Handflächen mit einem Taschenmesser einzuritzen, wobei es Ärger gab, weil beide Winnetou sein wollten und keiner Old Shatterhand. Als Winnetou starb, tat er das heldenhaft und gefühlvoll zugleich, und nicht nur die Mädchen vor dem Fernseher weinten. Wir wußten noch nicht, daß die Winnetoufilme gar nicht in Amerika gedreht wurden, sondern im damaligen Jugoslawien, und daß Winnetou von einem Franzosen gespielt wurde, den man mittels Perücke und Schminke in einen Fantasie-Indianer verwandelt hatte.

Wenn wir jetzt lesen, daß die Winnetoufilme voller Pannen sind, wird unsere Welt deswegen nicht mehr zusammenbrechen. Nur eine winzige Erinnerung an die Nachmittage unter Apachen flammt auf. Diese Erinnerung schmerzt einen Augenblick lang, bevor wir den Kopf schütteln über Winnetous unfreiwillige Mißgeschicke.

In *Winnetou I* (D/F/Jugosl., 1963) ist es »nur« Old Shatterhand alias Lex Barker, den es erwischt. Er flüchtet zu Beginn des Films in einem Kanu vor feindlichen Indianern. Wegen einer undichten Stelle im Kanu entwickelt sich das zu einer recht feuchten und nicht unbedingt sinnvollen Angelegenheit. Old Shatterhands Hemd hat

vorne bereits einen großen Wasserfleck. In der nächsten Einstellung hat sich dieser Fleck trotz steigendem Wasserstand im Kanu auf die Hälfte seiner ursprünglichen Größe reduziert. Gar nicht schön für Old Shatterhand. Zu seinem Trost darf der Fleck kurz darauf wieder sein vorheriges Ausmaß annehmen.

In *Winnetou III* (D/Jugosl., 1965) schien es Probleme mit dem sachgemäßen Anlegen einer Fessel zu geben. »Sam Hawkins« Ralf Wolter wird von Banditen mit einem Seil an einen Baum gebunden. In zwei aufeinander folgenden Einstellungen ist das Seil auf jeweils verschiedene Art um Ralf Wolters Bauch gewickelt. Unschwer zu erraten, daß die Filmcrew diese Sequenz mehrmals gedreht hat. Die Tatsache, daß man ein Seil nur unter großen Mühen auf genau die gleiche Weise ein zweites Mal um eine Person wickeln kann, soll hierbei als Entschuldigung gelten.

Eine Unstimmigkeit mit einem Zopf (→ Frisur) gibt es in *Winnetou und das Halbblut Apanatschi* (D/Jugosl., 1966). »Apanatschi« Uschi Glas und Winnetou sitzen auf ihren Pferden und unterhalten sich. Wie wir uns erinnern – viele Mädchen haben es damals nachzuahmen versucht –, trägt Apanatschi zwei geflochtene Zöpfe. Was allerdings schwierig zu imitieren gewesen wäre, ist der kunstvolle Wechsel der Zöpfe: In der Halbtotalen liegt nur der rechte Zopf vorn auf Apanatschis Schulter, während in der unmittelbar folgenden Naheinstellung derselben Szene auch der linke Zopf auf der Schulter ruht. Dieses ständige Hin und Her muß Apanatschi doch völlig verrückt gemacht haben.

Wunde So zynisch es klingen mag, Wunden gehören in jeden Action-, Grusel- oder Kriminalfilm, und auch ein paar andere Genres kommen schwer ohne sie aus.
So zum Beispiel das als Antikriegsfilm titulierte Vietnam-Drama *Platoon*. Es grenzt schon an Schlamperei, was dort mit dem rechten Oberschenkel von Crispin Glover geschieht: Er rammt sich als Rekrut in Vietnam ein Messer ins rechte Bein, um wieder nach Hause geschickt zu werden. Der Trick mit dem Messer funktioniert – Glover wird mit dem Hubschrauber abtransportiert. Dabei wird sein verbundener Oberschenkel sichtbar. Nur – es handelt sich jetzt um den linken.
Eine blutende Wunde ist in *Volcano* (USA, 1997) auf der linken Wange von → Tommy Lee Jones' Filmtochter Gabi Hoffman zu sehen. Ausgerechnet nachdem sie wenig später nach einer finalen Explosion aus den Trümmern eines zusammengebrochenen Hauses geborgen wird, ist diese Wunde verschwunden.
Ähnliches passiert mit der Verletzung unter dem Auge von Hauptdarsteller Daniel Day Lewis in *The Boxer* (USA, 1997). Die Wunde verschwindet nach seinem ersten Boxkampf zunächst einmal spurlos, ist dann aber in einer der nächsten Szenen wieder zu sehen.

Zeit Beim Film gehen die Uhren anders – im wahrsten Sinn des Wortes. Im Haus von Dennis Hopper in *Entscheidung aus Liebe* (USA, 1995) beispielsweise hängt eine Küchenuhr, die in rasendem Tempo rückwärts läuft. Oder wie läßt sich folgende Szene sonst erklären? Dennis Hopper hat Besuch. Als sich dieser verabschiedet, zeigen die Digitalziffern der Küchenuhr 7:23 an. Kurz darauf

betritt seine Freundin die Küche. Die Zeit muß einen Sprung nach hinten gemacht haben. Die Uhr steht jetzt nämlich bei 6:25.

Clark Gable scheint dagegen die Zeit zum Stillstand zu bringen. In *Es geschah in einer Nacht* (USA, 1934) verläßt er seine Wohnung nachts 2.30 Uhr und kommt einige Stunden später gegen 2.30 Uhr zurück. So jedenfalls zeigt es die Uhr an.

Selbst mit Kalendern scheinen die Leute beim Film ihre Probleme zu haben. Am Ende des Films *The 13th Floor* (D/USA, 1999) nimmt Hauptdarsteller Craig Bierko eine Tageszeitung zur Hand, die auf »Montag, den 21. Juni 2024« datiert ist. Daß der Wochentag vom Filmteam ziemlich willkürlich gewählt wurde, kann man mit etwas Rechenarbeit und unter Zuhilfenahme eines Kalenders schnell herausfinden. Der 21. Juli im Jahr 2024 nämlich ist ein Freitag.

Auch mit den richtigen Jahreszahlen scheint man es beim Film nicht immer so genau zu nehmen, vor allem dann nicht, wenn es um historische Sachverhalte geht. Der Film *The Untouchables – Die Unbestechlichen* (USA, 1986) spielt im Jahr 1935, im Chicago der Prohibitionszeit. Kevin Costner als unkorrumpierbarer Polizist beschlagnahmt während einer Razzia einige Kisten, auf denen das kanadische Ahornblatt zu sehen ist. Natürlich kümmert es Kevin Costner überhaupt nicht, daß das Ahornwappen in Kanada erst etwa dreißig Jahre später verwendet werden wird.

In *Air America* (USA, 1990) geben im Jahr 1969 zwei Vietnamesen in einer Hotelbar das Lied »A horse with no name« zum besten. Die beiden Sänger würden sicherlich

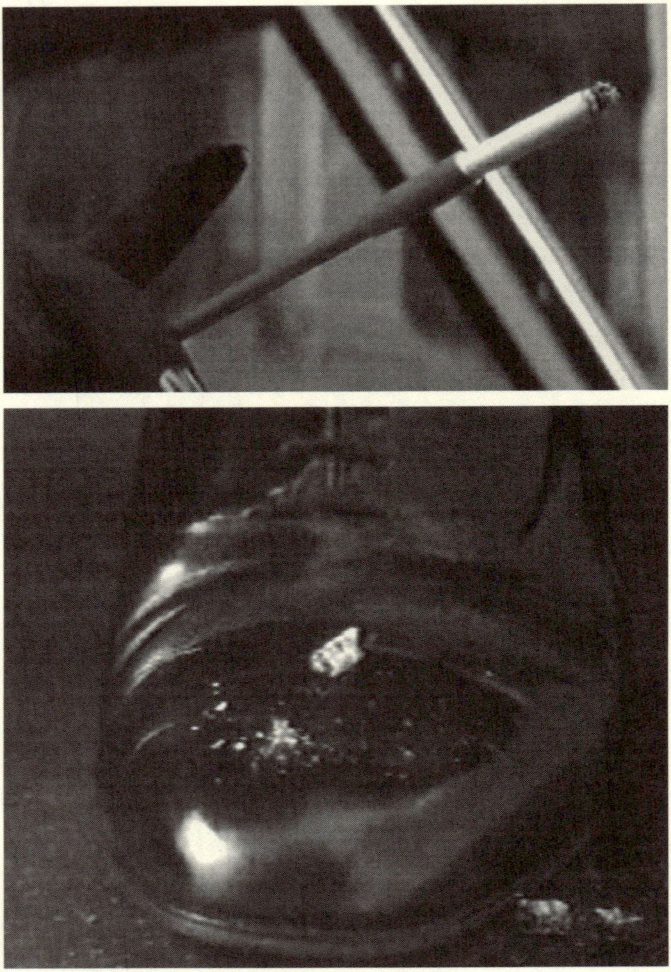

Zigarette Dafür, daß die Zigarette nicht viel Asche hergibt, landet doch eine ordentliche Portion auf dem Schuh. In: *101 Dalmatiner*

peinlich berührt verstummen, wenn sie erführen, daß dieses Lied erst zwei Jahre später, nämlich 1971, produziert werden wird.

Robert Forster schließlich muß in Quentin Tarantinos *Jackie Brown* (USA, 1997) vorzeitig altern. Der Film spielt im Jahr 1995. In einer Szene zeigt Forster der Hauptdarstellerin Pam Greer seinen Personalausweis. Darin ist sein Geburtsjahr deutlich zu erkennen: 1948. Demnach wäre Forster im Film 47 Jahre alt. Forster scheint angesichts dieser Zahl etwas in Panik zu geraten und greift sicherheitshalber gleich vor: Am Ende des Films nämlich sagt er zu Pam Greer, daß er schon 56 sei.

Zigarette Wurde in den Hollywood-Filmen der vierziger, fünfziger und sechziger Jahre noch relativ viel geraucht, sieht man mittlerweile kaum noch eine brennende Zigarette. Nicht einmal den Bösewichten und Anti-Helden bleibt ihr traditioneller Glimmstengel erhalten. Das hat wahrscheinlich etwas mit der Anti-Raucherbewegung zu tun, die sich Anfang der Achtziger in den USA ausbreitete. Nichtrauchen ist dort längst zu so etwas wie einem Volkskonsens geworden. Rauchen ist unamerikanisch, weil mit Willensschwäche und körperlichem Verfall verbunden. Da darf im Film natürlich auch nicht gequalmt werden. Pikanterweise scheint aber ein großer Teil der Schauspieler zu rauchen. Von Johnny Depp beispielsweise ist bekannt, daß er vierzig Marlboro täglich raucht, und auch → Robert De Niro soll dem Laster ungeniert frönen. Kaum verwunderlich, daß die Filmpannen, die mit Zigaretten zu tun haben, seit den neunziger Jahren weniger geworden sind.

In *101 Dalmatiner* (USA, 1996) darf Hauptdarstellerin Glenn Close als böse Cruella noch rauchen. In einer Szene ascht die Unverfrorene ihre Zigarette auf dem Schuh eines Hotelportiers ab. Obwohl an der Zigarette kaum Asche hing, landet ein regelrechter Aschehaufen auf dem Schuh des Portiers.

Auch im Religionsschocker *Der Exorzist* (USA, 1973) wurde noch geraucht. Ellen Burstin bekommt während eines Spaziergangs im Park eine Zigarette von Priester Jason Miller. Sie raucht sie halb und wirft sie dann weg. Das erschien ihr vielleicht doch als Verschwendung. Eine Einstellung später nämlich hat sie die Zigarette wieder in der Hand.

Es gibt noch weitere Beispiele: In *Roter Drache* (USA, 1986) taucht während einer Unterhaltung zwischen den Darstellern William Petersen und Dennis Farina wie aus dem Nichts eine Zigarette im Mund von Petersen auf. Unerklärlich auch die plötzliche Existenz einer brennenden Zigarette zwischen den Fingern von Susan Tyrell in einer Barszene von *Fat City* (USA, 1972).

Selbst Tom Cruise scheint zumindest im Film nicht von seinem Laster loszukommen. In *Lockere Geschäfte* (USA, 1983) sitzt er in einem Café und drückt eine Zigarette in einem Aschenbecher aus. In der folgenden Einstellung aber hat er die brennende Zigarette noch immer in der Hand. Oder ist es etwa schon eine neue?

Zurück in die Zukunft (USA, 1985) Diese komödiantische Science-fiction-Saga besticht durch die Idee, einen Schüler mittels eines Zeitautos in die fünfziger Jahre reisen zu lassen, wo er auf seine eigenen Eltern trifft. Das

haben wir uns doch immer schon mal gewünscht! Der Junge bekommt die einmalige Gelegenheit, aktiv seine Zukunft mitzugestalten – muß er doch seine Eltern dazu bringen, sich ineinander zu verlieben und zu heiraten, damit er selbst geboren werden kann. In diesem von Action und von Special Effects geprägten Spektakel kann die Pannenfalle nicht weit sein.
Zu Beginn fährt Hauptdarsteller Michael J. Fox zum ersten Mal mit der Sportwagen-Zeitmaschine. Unklar ist dabei die Anzahl der zurückgelegten Meilen: Steht der Zähler einmal auf 3306, so steht er nur Sekunden später auf 3299. So schrubbt man Meilen. Auf Grund des offenbar sehr hohen Tempos fährt Fox eine Vogelscheuche auf einem Feld über den Haufen. Man sieht genau, daß die Vogelscheuche nach hinten über das Dach des Wagens fliegt, aber aus dem Auto heraus gesehen liegt die Vogelscheuche plötzlich auf der Frontscheibe. Im Jahr 1955 angekommen, hört Fox aus einem Lautsprecher den berühmten Schlager »Mr. Sandman«. Eigentlich unmöglich, da dieses Lied erst im Jahr 1958 produziert wurde. Noch in der gleichen Sequenz sieht man einen Wagen mit zwei Lautsprechern und einem Werbeplakat auf dem Dach vorbeifahren. Nachdem der Wagen kurz aus dem Bild gerät, biegt er gleich darauf wieder um eine Straßenecke. Da ist allerdings einer der Lautsprecher schon verschwunden, und das Werbeplakat auf dem Dach hat sich um neunzig Grad gedreht. Anschließend besucht Fox ein Café und setzt sich neben seinen noch jungen Vater. Die Speisekarte auf dem Cafétisch wechselt dabei zwischen zwei Einstellungen ihr Aussehen. Auch ein Fön, den sich Fox in den Gürtel steckt, um seine Verkleidung als

Zurück in die Zukunft
Die Anzahl der zurückgelegten Meilen hat sich mit fortschreitender Fahrt verringert.

Außerirdischer komplett zu machen, verschwindet zwischenzeitlich, um später wieder ordentlich im Gürtel zu hängen.

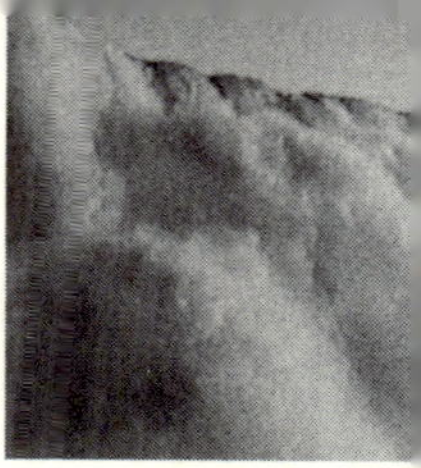

Auch in der Fortsetzung *Zurück in die Zukunft II* (USA, 1989) geht nicht immer alles mit rechten Dingen zu. Da trägt die bis dahin barfüßige Darstellerin Lea Thompson plötzlich Pantoffeln, nachdem sie von ihrem Filmmann »Biff« Thomas F. Wilson zu Boden geworfen wurde, da taucht ein Rückspiegel am Wagen von Thompson auf, der da Sekunden vorher in der Garage noch nicht anmontiert war.

Im dritten Teil schließlich, *Zurück in die Zukunft III* (USA, 1990), verschlägt es Michael J. Fox in den Wilden Westen, und er versteckt sein Zeitreise-Auto in einer Bärenhöhle. Während draußen vor der Höhle Soldaten und Indianer vorbeireiten, ändert sich die Bewölkung am Himmel von wolkenlos zu bewölkt.

Register (Filme)

Register (Schauspieler)

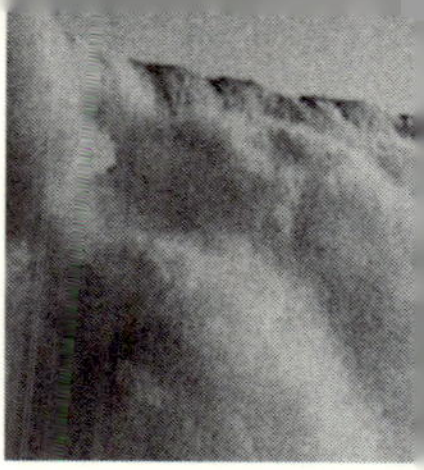

Bildnachweise

Seite 10, Alien – Das unheimliche Wesen aus einer fremden Welt, GB, 20th Century Fox, 1979

Seite 14, Cutter's Way – Keine Gnade, USA, Gurian/United Artists, 1981

Seite 22, James Bond 007 – Der Hauch des Todes, GB/USA, Eon/United Artists, 1987

Seite 28, Der schwarze Abt, D, Rialto, 1963

Seite 30, Bullitt, USA, Warner-Seven Arts, 1968

Seite 32, Casablanca, USA, Warner/First National, 1942

Seite 38, Basic Instinct, USA, Carolco/Le Studio Canal+, 1991

Seite 40, Roter Drache, USA, De Laurentiis Corp., 1986

Seite 42, Independence Day, USA, Centropolis Entertainment, 1995

Seite 44, Hard to kill, USA, Warner Bros., 1989

Seite 48, Cliffhanger, USA, Carolco/Le Studio Canal+/Pioneer/RCS Video, 1993

Seite 50, Eyes Wide Shut, USA/GB, Pole Star Production/Hobby Films Ltd., 1999

Seite 52, Leaving Las Vegas, USA/F, Lila Cazes/Lumière Pictures, 1995

Seite 56, Dumm und dümmer, USA, New Line, 1994

Seite 60, Nixon, USA, Cinergi Prod./Hollywood Pict./Illusion Entertainment, 1995

Seite 66, Mission: Impossible, USA, Paramount, 1996

Seite 66, Das Netz, USA, Columbia Pictures, 1995

Seite 70, Jurassic Park, USA, Universal/Amblin, 1993

Seite 78, Shining, USA, Hawk/The Producers Circle/Warner, 1980

Seite 80, Absolute Power, USA, Malpaso/Castle Rock Entertainment, 1997

Seite 82, Lola rennt, D, Stefan Arndt/X-Filme Creative Pool, 1997

Seite 84, Pretty Woman, USA, Touchstone/Silver Screen Partners IV, 1989

Seite86, Die Blechtrommel, D/F, Franz Seitz/Argos/Bioskop/Artemis/ Hallelujah, 1978

Seite 90, Jacobs Ladder – In der Gewalt des Jenseits, USA, Carolco/TriStar, 1990

Seite 92, Die Zehn Gebote, USA, Paramount, 1957

Seite 96, Legenden der Leidenschaft, USA, TriStar, 1994

Seite 98, Die üblichen Verdächtigen, USA, PolyGram/Spelling Films/Blue Parrot/ Bad Hat Harry, 1995

Seite 102, Harry und Sally, USA, Castle Rock Entertainment/Nelson Ent., 1989

Seite 104, Das Ding aus einer anderen Welt, USA, Universal, 1982

Seite 106, Der Schakal, USA, Mutual Film Company/Tele München/Universal Pictures, 1997

Seite 108, Der Blade Runner, USA, Blade Runner Partnership/Ladd Co./Sir Run Run Shaw, 1982

Seite 110, Twins-Zwillinge, USA, Universal, 1988

Seite 118, Star Trek – Treffen der Generationen, USA Paramount, 1994

Seite 122, Star Wars – Der Krieg der Sterne, USA, Star Wars/20th Century Fox, 1977

Seite 126, Star Wars – Der Krieg der Sterne, USA, Star Wars/20th Century Fox, 1977

Seite 128, Titanic, USA Lightstorm Entertainment, 1997

Seite 130, Kuck mal, wer da spricht, USA, TriStar Pictures/M.C.E.G., 1989
Seite 138, Hinter dem Horizont-Das Ende ist nur der Anfang, USA, Barnet Bain/Stephen Simon/Interscope, Metafilmics, PolyGram Filmed Entertainment, 1998
Seite 144, 101 Dalmatiner, USA, Walt Disney Pictures, 1996
Seite 148, Zurück in die Zukunft, USA, Amblin/Universal, 1985

Zum Autor

Gregor Jochim wurde 1964 in Mannheim geboren, wo er auch heute lebt. Nach einem Studium der Betriebswirtschaftslehre arbeitet er im kaufmännischen Bereich.

ISBN 3-378-01050-9

1. Auflage 2000

Umschlaggestaltung und Bildcomposing Peter Barczewski

unter Verwendung eines Fotos von Comstock

Typografie und Innengestaltung Ulrike Vetter, Leipzig

Druck und Binden Clausen & Bosse, Leck

Printed in Germany